gesegnet leben

Zur Gol[illegible]
Hochzeit von
Hedi und Paul
Bromberger im
Sept. 2002
Kirchenvorstand
Veltheim
Franz [illegible]

Johannes Kuhn

gesegnet leben

Ermutigungen für den Tag

Johannes Kiefel Verlag
Wuppertal-Barmen

Vater im Himmel,
Lob und Dank
sei dir für die Ruhe der Nacht,
Lob und Dank sei dir für den neuen Tag.
Lob und Dank sei dir für alle deine Güte
und Treue in meinem vergangenen Leben.
Du hast mir viel Gutes erwiesen,
laß mich nun auch das Schwere
aus deiner Hand hinnehmen.
Du wirst mir nicht mehr auflegen,
als ich tragen kann.
Du läßt deinen Kindern alle Dinge
zum Besten dienen.

Dietrich Bonhoeffer

LEBEN UNTER DEM SEGEN GOTTES

Es gibt große Worte in der Bibel, die sind mehr als wir uns darunter vorstellen können. Wir verwenden sie fast selbstverständlich, aber wenn uns einer fragt, was bedeutet das? Dann fallen die Antworten meist sehr mager aus. Der Psalm 128 schließt mit den Worten „Der Herr wird dich segnen aus Zion, daß du sehest das Glück Jerusalems dein Leben lang und sehest deiner Kinder Kinder. Friede über Israel!“ Da gibt es mehrere Worte, um deren Verständnis wir uns bemühen sollten. Wir wollen einmal eines herausgreifen. Das Wort: Segen. Der Herr wird dich segnen. — Was verbindet sich für Sie damit? Für manchen: „Daß morgen Samstag ist, das ist ein wahrer Segen.“ Aber selbst hier, wo es so abgelöst scheint von seiner eigentlichen Bestimmung meint es noch etwas Gutes.
Freilich, wenn es heißt: der Herr wird dich segnen, dann wird an eine viel umfassendere Wirklichkeit gedacht. Es hat ja nichts mit einer erstarrten Formel zu tun, in der Christen untereinander sich herzliche Segenswünsche zu irgendwelchen Ereignissen wünschen. Es hat auch schon gar nichts mit einer magischen Beschwörungsformel zu tun, die man anwendet, um damit einen anderen Menschen abzuschirmen gegenüber Schwierigkeiten.
Nein, wenn Gott segnet, dann ist an viel mehr ge-

dacht. Zum Beispiel an Frieden, daß Sie heute in einer Atmosphäre leben können, die Gott umfriedigen will, und da soll nichts ausgelassen bleiben, nicht Ihr Zuhause und nicht Ihr Weg zu Ihrer Arbeitsstätte und auch nicht die Begegnung mit Menschen, die es Ihnen heute schwer machen. Aber Segen ist noch mehr. Gott wendet sich Ihnen zu und sagt Ja zu Ihnen. Ja zu Ihrem Glück auch in Ihren vier Wänden, Ja zu den Kräften und Begabungen, die Sie haben. Wir haben da wohl manches vergessen. Wir glauben oft, Segen hätte nur mit irgendwelchen geistlichen Dingen zu tun. Aber er ist mehr. Er meint unser ganzes Leben und bezieht alles mit ein; das Reifen des Menschen, Weisheit, Alter, Reichtum, Können, und wir sollten jeder an seinem Platz wissen, daß wir ihn dort empfangen, wo wir sind. Der junge Mann, das junge Mädchen, jeder an seinem Ort, der alternde Mensch wieder ganz anders. So ist er jedem auf eine Weise gegeben, mit der Gott unserer Originalität Rechnung trägt, die er uns gewährt hat. Auf die Gefahr hin, daß mich mancher mißversteht, möchte ich sogar sagen: der Herr wird dich glücklich machen. Ich weiß, das klingt nicht sehr christlich, aber die Bibel hat einen weiteren Spannungsbogen als unser christliches Vokabular. Ganz unbedenklich kann sie darum von dem Glück derer reden, die sich an Gott halten. Wie könnte es denn auch anders sein, wenn es wahr ist, daß Gott uns liebt? Denn Liebe will glücklich machen. Und sollte das bei Gottes Liebe anders sein?

Was ist das für ein Christentum, das sich nicht mehr zutraut, glücklich zu sein? Vielleicht hilft Ihnen noch eine andere Formulierung. „Der Herr wird dich segnen“, das ist, als wenn er uns sagt: „Ich will mit dir sein.“ Gibt das nicht ganz neue Perspektiven für diesen Tag? Ich weiß ja nicht, was Sie heute besonders beschäftigt. Aber das weiß ich, Sie verkaufen, reparieren, sprechen, leiden, lesen, schreiben, bummeln, lieben, feiern heute unter seinen Augen. Und er will nie weiter als ein Gebet weit von Ihnen entfernt sein. Ist das nicht genug, zu wissen: Ich bin ein gesegneter Mensch, ein glücklicher Mensch?

Aber offenbar gehört zu dem Glücklichsein, wie es die Bibel kennt, Einklang mit Gott und Einklang mit dem Nächsten. Es geht da nach der Weise, geteilte Freude — doppelte Freude. Im Grunde genommen wissen wir, daß das Glück mehr wächst durch Hergeben, durch Lieben als durch Behalten und Konservieren.

Und jedes Glück, das sich von Gott her versteht, macht dankbar. Wie sollte sich das nicht darin äußern, daß man um sich herum ein Klima der Entspannung und des Vertrauens, der Geborgenheit verbreitet? Vielleicht ist es notwendig, Abschied zu nehmen von mancherlei Träumen und Erwartungen vom Glück, die wir so haben. Denn nicht immer stimmt das überein, worin Gott uns glücklich machen, worin er uns segnen will und das, was wir für unser Glück halten. Aber niemand wird sagen können, er wäre hier ganz leer ausgegangen. Vielleicht merkt man das erst, wenn man weitergibt, was Gott einem gewährt hat. „Der Herr wird dich segnen", das heißt dann auch: „Vergeltet nicht Böses mit Bösem, sondern segnet" (1. Petrusbrief 3, 9). Und ich denke an jenen Männerkreis in einer Gemeinde in der DDR, wo einer erzählte, daß er es im Betrieb besonders schwer gehabt hat, weil man ihn wegen seines Glaubens hart bedrängt hatte. Er berichtete, wie er sich wehren mußte, und wie er wohl auch scharf geworden ist in seinen Antworten. Und wie er so mitten dabei war zu erzählen, wie er es denen gegeben habe, unterbrach ihn einer aus dem Kreis und fragte ihn: Hast du gesegnet? Das bedeutete doch: Hast du trotz allem nicht vergessen, sie gehören zu Gott, auch wenn sie sich noch so atheistisch gebärden? — Da ist offenbar verstanden worden: Wer selbst gesegnet wurde, der kann nicht mehr anders als den Segen weitergeben. Ja, er muß dort, wo er ist, ein Segen sein. Da verdammt man nicht mehr, verwirft nicht und verachtet nicht, sondern hofft. Da schaut man Menschen nicht mehr auf das hin an, wie sie sich geben, sondern auf das hin, woran sie leiden. Werden Sie sich so heute in Ihrer Umwelt als ein Gesegneter erweisen? Es wäre nicht weniger, als daß sie verstanden haben, was unser Psalm meint, wenn er beginnt: „Wohl dem, der den Herrn fürchtet und auf seinen Wegen geht. Wohl dem!"

Ich könnte das, vorüber ich schreiben will, in eine Rätselfrage fassen. Was ist das? Das Instrument, das schlägt und segnet, gibt und empfängt, nährt, schwört, dirigiert, für die Blinden liest, für die Stummen spricht, sich dem Freund entgegenstreckt und den Feind abwehrt und als Hammer, Zange und Alphabet dient? Also, was ist es? Die Hand.
So viel und noch mehr ist über unsere Hände zu sagen. Sie sprechen ja eine eigene Sprache. Albrecht Goes erzählt von einem alten Arzt, der aus den Händen richtige Schlüsse auf das Wesen der Menschen ziehen konnte.
„Sorge", sagte er, nachdem ihm die Hausfrau die Hand gereicht hat. „Warum Sorge", fragte ich zurück. „Diese Hände wollen alles, was sie bekommen, festhalten, alles." Und „Sorge" hatte er auch bei dem Hausherrn gesagt. „Warum auch da Sorge?" „Diese Hände können nichts festhalten, nicht einmal sich selbst."
Aber dann war da noch ein Gast gewesen, der auch dem Doktor die Hand gegeben hatte. „Freude", sagte er. „Freude?" „Ja, es sind gute Hände, sie halten fest, aber sie können sich auch auftun. Sie gewinnen und verlieren, sie können verlieren und werden darüber nicht leer."
Und wie ist das, wenn wir unsere eigenen Hände anschauen. Vielleicht können wir sie nicht ent-

schlüsseln. Aber welche Möglichkeiten liegen in ihnen beschlossen. Was haben wir damit ausgerichtet und was haben wir damit angerichtet. Aber noch ist ja alles möglich für diesen Tag, noch können wir jemand bei der Hand nehmen, für einen anderen eine offene Hand haben. Jemanden, mit dem wir nicht so ganz gut können, die Hand reichen, Hand in Hand einen Spaziergang machen. Ja, wir können vieles tun. Wir können auch vieles lassen und versäumen.

Von Gott heißt es:

Und müßte Treue lügen
und Glauben spräng wie Glas,
wenn alle Schrecken schlügen
und Unglück wüßt kein Maß,
wie Windstoß wird sich's wenden,
noch eh dein Herz zerschellt:
Er hat dich doch in Händen,
der alle Himmel hält.
Er wird dich nicht versäumen,
er weiß die rechte Zeit,
wie auch die Wasser schäumen
in wilder Mächtigkeit,
wenn gleich vor Gischt verschwänden
das Leben und die Welt:
Er hat dich doch in Händen,
der alle Himmel hält.

Gustav Schüler

Wer das versteht, der kann sagen: Herr ich danke dir, daß du mir Hände gabst, daß ich sie gebrauchen kann. Du hast sie zu Werkzeugen deiner Liebe gemacht, und nun will ich auch an die denken, denen die Hände gebunden sind durch Krankheit und Schmerzen oder durch äußere Fesseln. Bewahre sie vor Bitterkeit und Verzweiflung. Mach sie gewiß, sie und uns, daß wir Hände haben zu helfen, daß wir aber zuletzt und zuerst in deiner Hand sind.

Hand, die nicht läßt, halte uns fest.
Hände reißen an sich, Hände lassen los,
Hände jagen fort, Hände laden ein,
Hände wehren ab, Hände öffnen sich,
Hände lassen fallen, Hände heben auf,
Hände verweigern, Hände empfangen,
Hände verführen, Hände weisen den Weg,
Hände verletzen, Hände heilen,
Hände schlagen, Hände liebkosen,
Hände verstoßen, Hände verzeihen,
Hände drohen, Hände grüßen,
Hände ballen sich zur Faust,
Hände falten sich zum Gebet,
Hände töten, Hände beleben,
Was geschieht durch meine Hände?
Was geschieht durch deine Hände?
Was geschieht durch uns in seinen Händen?

Norbert Scholl

DIE EINTEILUNG DER ZEIT

„Solange wir noch Zeit haben, lasset uns Gutes tun“ (Galater 6, 10). Diese Mahnung des Apostels Paulus scheint nur in eine Zeit zu passen, in der man „noch Zeit“ hatte. Unser Verhältnis der Zeit gegenüber ist völlig anders geworden. Wir haben keine Zeit mehr und jammern darüber. Wir legen aber auch Wert darauf, keine Zeit mehr zu haben. Unsere Sprache verrät, wie vieles in Unordnung geraten ist, wenn wir an Äußerungen denken wie „Zeit ist Geld“, oder „ich vertreibe mir die Zeit“! Jedenfalls ist kaum mehr etwas von einem souveränen Umgang mit der Zeit zu spüren.

Es gibt freilich auch noch eine andere Einstellung zur Zeit. Irgendwann entdeckt einer plötzlich: Es ist später, als du denkst. Man macht die Erfahrung: „Die Zeit ist ein sonderbares Ding; wenn man so hinlebt, ist sie rein gar nichts, aber dann auf einmal, da spürt man nichts als sie“ (Hugo von Hofmannsthal). Man sieht plötzlich, wie Sekunden verrinnen, wie Minuten davonlaufen, Stunden vergehen. Diese Einsicht erschreckt mehr, als daß sie hilft, denn wer sollte nicht erschrecken, wenn er weiß: Du wirst mitgemessen, du und die Zeit, die dir gegeben wird.

Von hier aus bekommt ein Satz, der uns allen sehr geläufig ist, eine geradezu unheimliche Doppeldeutigkeit:
„Ich habe keine Zeit." Es ist ja tatsächlich so: Ich habe sie nicht, ich verfüge nicht über sie, ich weiß nicht, wie lang sie mir gegeben wird und wann sie mir endgültig aus den Händen genommen wird.
Wem es freilich aufgegangen ist, daß seine Zeit nicht Last ist, sondern Gabe, der braucht sich vor ihr nicht mehr zu fürchten, denn er weiß ja: „Meine Zeit steht in deinen Händen" (Psalm 31,16).
Das kann bedeuten: Ich brauche mir nicht dauernd die verbummelte Zeit der Vergangenheit vor Augen zu halten — „hättest du damals, ... wärest du ..., dann würdest du heute ..." Wieviel Zeit wird damit vertan, daß man sich heute darüber ärgert, weil man mit dem Gestern und Vorgestern so verschwenderisch umgegangen ist! Von manchem gilt ja der hübsche Satz: „Er war so freigebig mit seiner Zeit, daß er statt einer Armbanduhr einen Abreißkalender am Handgelenk trug." Die Gewißheit: „Meine Zeit steht in deinen Händen", befreit von der Angst um das Morgen, denn wieviel Zeit wird wiederum damit vertan, Pläne zu machen, um das Morgen und Übermorgen in den Griff zu bekommen! Wieviel Zeit wird der Sorge für die Zukunft, aber auch der Angst vor dem Kommenden geopfert! Was uns jedoch not tut, ist ein aufmerksamer Umgang mit der Zeit, die uns heute anvertraut ist. Tolstoi hat das einmal fast extrem ausgedrückt: „Es

gibt nur eine wichtigste Zeit, den Augenblick; sie ist darum die wichtigste, weil wir nur in ihr Gewalt über uns haben."

Aber wie macht man das: mit diesem Heute verantwortlich umgehen? Manchmal muß man, um Ordnung hineinzubringen, einfach eine Bestandsaufnahme machen. Manchem hat es geholfen, eine Woche lang aufzuschreiben, wie er seinen Tag mit den verschiedenen Einteilungen verbracht hat. Andere haben eine dreifache Rangordnung aufgestellt: „Was ist notwendig? Was ist nützlich? Was ist angenehm?"

Denn, wenn es wahr ist: „Meine Zeit steht in deinen Händen", dann werden wir ja einmal von Gott gefragt werden: „Wie bist du mit meiner Zeit umgegangen? Für wen hast du Zeit gehabt?" „Sie wird ja nicht nur am Zeiger der Uhr, sondern auch an der Wärme des Herzens gemessen." (Ludwig Köhler)

Im Zeitalter einer perfekten Unterhaltungsindustrie, die unsere freie Zeit ganz zu beschlagnahmen droht, ist es um so notwendiger, seine Zeit einzuteilen, damit etwas davon für Freundschaft, Bücher, Kranke oder Alte übrigbleibt. „Solange wir noch Zeit haben, lasset uns Gutes tun", dieses Wort möchte uns auch heute zu verantwortlichem Umgang mit unserer Zeit verhelfen. Das hat schon bei manchem dazu geführt, daß er sich zur Regel gemacht hat, für soundsoviel Stunden Fernsehen sich soundsoviel Zeit für Alte und Kranke freizuhalten.

Bei solchen Einteilungen geht es ganz gewiß nicht um ein Gesetz, das man ein für allemal durchhalten muß. Manchmal gehört Mut dazu, gewonnene Einteilungen aufzugeben, um beweglich zu bleiben und nicht Sklave seiner eigenen Ordnungen zu werden. Vielleicht geschieht das am sorgfältigsten dort, wo man einsieht: Es ist ja nicht nur meine Zeit, mit der ich sorgsam umzugehen habe. Auch die Zeit der anderen, mit denen ich zusammenlebe, muß in meinen Einteilungen berücksichtigt werden. Ist es darum nicht notwendig, sich die Impulse für die Einteilungen der Zeit von dem geben zu lassen, der „alles fein zu seiner Zeit tut", unter dem wir wissen: „ein jegliches hat seine Zeit, und alles Vorhaben unter dem Himmel hat seine Stunde" geboren werden ..., sterben ..., abbrechen ..., bauen ..., weinen ..., lachen ..., schweigen ..., reden" (Prediger 3, 1 ff.)?

Alle Einteilung der Zeit braucht wie Michel Quoist sagt, darum die Bitte: „Herr, ich bitte dich nicht um die Zeit, dieses und dann noch jenes zu tun, ich bitte dich um die Gnade, in der Zeit, die du mir gibst, gewissenhaft das zu tun, was du willst, das ich tun soll."

WACHEN

Der Glaube hat viele Themen. Eins davon ist die Wachsamkeit. Vielleicht wird es nicht immer so sein, daß von allen Christen gerade dieses Thema durchgehalten wird, obwohl die Bibel hier unmißverständlich redet. Wenn man in der Geschichte der Kirche nach denen fragt, die besonders wachsam waren, dann sind es nicht sehr viele, die man aufzählen kann. Im Grunde genommen waren sie sogar den Christen ihrer Zeit immer ein wenig verdächtig. Das ist bis heute so geblieben, obwohl die Anzeichen sich mehren, daß es besonders heute einer wachen Christenheit bedarf. Man könnte manchmal fast den Eindruck haben, daß die anderen wacher sind. Und das wird besonders fatal, wenn es sich dabei um Marxisten handelt, die den Christen ihren Mangel an Engagement und Wachsamseit vorhalten. So stand einmal in einer kommunistischen Zuschrift in Indien zu lesen:

„Das Evangelium ist eine viel mächtigere Waffe für die Erneuerung der Gesellschaft als unsere marxistische Philosophie. Gleichwohl werden wir euch Christen besiegen. Wir sind nur eine Handvoll, ihr Christen zählt Millionen. Wir behalten von unseren Gehältern und Löhnen nur, was unbedingt nötig ist, und geben den Rest zu Propagandazwecken. Wir geben all unsere Freizeit und einen Teil unse-

rer Ferien. Ihr jedoch gebt wenig Zeit und kaum Geld für die Ausbreitung des Evangeliums von Christus. Wie soll man an die alles überragende Macht des Evangeliums glauben, wenn ihr selber nicht davon durchdrungen seid, wenn ihr es nicht ausbreitet, nichts dafür opfert? Wir werden gewinnen, denn wir sind bereit, alles zu opfern, und wenn es sein muß, sogar unser Leben, damit die sozialistische Gerechtigkeit triumphiere. Aber ihr Christen habt Angst, eure Hände zu beschmutzen."
Solche Sätze sind wie ein Alarmzeichen.
Meistens ist es doch so, daß wir erst dann wach werden, wenn es um Dinge geht, bei denen wir gut abzuschneiden hoffen. Da sind wir auf dem Sprung und wachen eifensüchtig darüber, daß wir auch ja das bekommen, was uns zusteht. Das haben wir mit allen Menschen gemeinsam. Wenn aber von Christen erwartet wird, daß sie wache Menschen sind, dann wird es sich dabei um ganz andere Perspektiven handeln müssen. Man muß nur einmal darauf achten, wie die Bibel davon redet. Die Worte, die da im Zusammenhang mit Wachen stehen, stekken deutlich den Rahmen ab, in dem es sich vollziehen soll: Wachet und betet! heißt es da. — Seid nüchtern und wachet! Oder: Wachet! Seid männlich und stark!
Freilich, wie wird man das, ein wacher Mensch, ein wacher Christ? Mit gutem Schlaf, ausgezeichneten Nerven und einem Überblick für das Wesentliche ist es gewiß noch nicht getan, obwohl man das alles

nicht geringschätzen soll. Zu jener wachen Haltung, von der die Bibel redet, gehört mehr. Es braucht dafür etwas ganz Entscheidendes: daß wir von jenem Aufgewecktsein ergriffen sind, von dem der Prophet Jesaja einmal sagt: „Der Herr weckt mich alle Morgen, er weckt mir das Ohr, daß ich höre wie ein Jünger." (Jesaja 50, 4) Heißt das nicht, daß meine Wachheit bestimmt wird von der Ausgangsposition, von der aus ich in den Tag hineingehe? Wachsein ist nicht zuerst eine Sache der Augen, sondern der Ohren, daß einer hingehört hat auf Gottes Wort und die Nähe anderer Menschen, der hingehorcht hat mit der Konzentration dessen, der weiß, daß es ohne diese Genauigkeit kein Leben gibt für die, die zu Gott gehören. Mit unseren Augen ist das ja auch so eine Sache. Wir machen sie groß und weit, wo es um Erfolg und Geld geht; wir verengen sie zu einem Schlitz im Angesicht der eigenen Fehler; wir machen sie ganz zu, wenn die Not des anderen offenkundig wird.

Wen freilich Gott wach gemacht hat, der wird nicht mehr vergessen, von woher er die eigentlichen Signale bekommt. Die Formen, in denen sich dieser wache Gehorsam bewährt, mögen dann ganz verschieden sein. Es kann zum Beispiel für einen heißen: „Werde wach und stärke das andere, das sterben will." (Offenbarung 3, 2) Worauf hier der Finger gelegt ist, ist so etwas wie eine wache Barmherzigkeit, die sich Menschen zuwendet, denen die Hoffnung, die Freude am Dasein auszugehen droht.

Und wie viele sind es, die in ihrem Leben keinen Sinn mehr finden. Aber wie schwerfällig reagieren wir da oft! Manchmal wissen wir von einem ganz gut, wie schwer er sich tut, wie lustlos er dahinvegetiert, wie er an sich selber leidet. Wir übersehen das nicht, wir registrieren es, vielleicht sehr aufmerksam. Aber das genügt nicht. Die Wachheit, von der die Rede war und die die Christen auszeichnet, verbietet geradezu, hier nur zu analysieren. „Werde wach und stärke das andere, das sterben will!" Diese Aufmerksamkeit ist voller Bewegung auf den Mitmenschen zu. Ihn mit den Augen Gottes sehen — das wird hier verlangt. Und das heißt doch wohl, daß wir unseren Mitmenschen nicht mehr auf das hin ansehen, was er tut oder was er unterläßt, sondern auf das hin, worunter er leidet.
Aber diese Wachheit wird auch noch in anderem Zusammenhang genannt: „Wachet und betet!" Gerade dieser Zusammenhang erinnert uns an die fatale Weise, in der wir oft unsere Gebete hersagen. Manchmal sind es doch nur, oft aus großer Müdigkeit, aber häufig auch einfach gedankenlose Formeln, die zitiert werden. „Fertigbauteile, aus denen sich unser Gebet zusammensetzt" — wie es einer genannt hat. Aber beten kann man offenbar nur, wenn man hellwach ist, hellwach für die Zeit, für die Menschen, für die großen Entwicklungen, die sich in der Welt und in der Christenheit anbahnen. Wer diesen Zusammenhang begriffen hat: Wachen und Beten — der wird nicht mehr von der allge-

meinen Not reden, der wird die Dinge ganz konkret beim Namen nennen, der hat verstanden: „Daß wir beten sollen, lesen wir in der Bibel, was wir beten sollen, lesen wir in der Zeitung."
Dieser Zusammenhang von Wachen und Beten ist nicht zuletzt darum so wichtig, weil Christus dort, wo beides auseinanderfällt, die Anfechtung als alles ermüdende und bedrohende Macht kommen sieht. Darum sagt er: „Wachet und betet, damit ihr nicht in Anfechtung fallet."
Vielleicht brauchen wir nichts notwendiger als die Bitte um Wachsamkeit. Ernst Lange hat sie einmal so formuliert: „Ich möchte wachsam sein für deine Zeichen in meinem Leben, für die Zeichen der Warnung, wenn etwas mich abdrängen will von dir. Für die Zeichen der Führung, für die Zeichen der Mahnung, für die Zeichen deiner Güte. Ich möchte wachsam sein für deine Zeichen in deiner Kirche, für die Zeichen deiner Geduld, für die Zeichen des Aufbruchs, für die Zeichen der Erneuerung. Ich möchte wachsam sein für deine Zeichen an meinem Mitmenschen, für die Zeichen der Sendung, daß mein Herz aufmerksam sei für dein Wort in den Worten, deine Tat in den Taten der Brüder. Für die Zeichen der Bedürftigkeit, wenn mein Nächster verborgene Not leidet, für die Zeichen der herrlichen Freiheit deiner Kinder, daß ich sie nicht in der Schulbank der Unmündigkeit halte, wenn sie mündig werden zu verantwortlichem Leben vor dir. Herr, ich möchte wachsam sein für deine Zeichen."

„Im Wartesaal zum Glück, da warten viele, viele Leute, warten seit gestern auf das Glück von morgen und leben mit Wünschen von übermorgen und vergessen: Es ist ja noch heute. Ach, die armen, armen Leute!" So heißt es im Refrain eines Schlagers. So sieht innerweltliches Warten aus: Was man da bestenfalls im Blick hat, ist das große Glück, das große Los, der Sprung nach oben, sind die Wünsche von übermorgen. Menschliches Leben läßt sich geradezu definieren als ein dauerndes Warten auf Änderung, auf Besserung, mit dem Unterton der Angst vor dem, was kommen könnte.
Nun sollte man nicht so schnell davon reden, daß sich christliches Warten davon himmelweit unterscheidet. Es wird genug Christen geben, die das auch kennen: das Warten auf das Glück von morgen und das Leben mit Wünschen von übermorgen. Aber es wird sie nicht ausfüllen können. Denn darin unterscheidet sich christliches Warten von allem anderen, daß es ein Ziel hat. Der Christ weiß, was kommt. Oder sagen wir besser: Wer kommt. Sein Warten ist ein Warten auf Christus. Das ist viel mehr als die Erwartung auf das Ende der Welt, auf eine große, letzte Weltkatastrophe. Denn Jesus Christus wird nicht als der „große Kaputtmacher" (Blumhardt) wiederkommen, sondern als der, durch

den sich die Verheißung erfüllt: „Siehe, ich mache alles neu.“ (Offenbarung 21, 5)
Im Blick auf diese Zukunft gilt von der christlichen Gemeinde: „Wir warten eines neuen Himmels und einer neuen Erde.“ (2. Petrusbrief 3, 13) Das ist wohl der umfassendste Entwurf für alles, was christliches Warten auszeichnet. Wie sollte unser christliches Warten angesichts eines solchen Wortes nicht wieder Auftrieb bekommen, Spannung und Ungeduld! Freilich nicht jene, die dann doch nicht durchhält, die zu rechnen beginnt, die spekuliert und kombiniert, die Termine setzt und dann wieder verwirft. Es geht vielmehr um jene Ungeduld, die an dem Wort Gottes sich entzündet, das von einem neuen Menschen redet und eine neue Welt verspricht. Es ist die Spannung, von der Bonhoeffer einmal sagte: „Niemand besitzt Gott so, daß er nicht mehr auf ihn warten müßte. Und niemand kann auf Gott warten, der nicht wüßte, daß Gott schon längst auf ihn gewartet hat.“
Freilich, diese Zeit des Wartens ist vielen Belastungen ausgesetzt. Das, was sich da täglich vor den Augen abspielt, ist mit dem Inhalt der Erwartung nicht zu vereinbaren. Und so werden die Stimmen lauter, die sagen: Vielleicht ist es doch ganz anders. Vielleicht ist das die ganze Wirklichkeit: die graue Leere, das tägliche Auf und Ab, die Hoffnungen und Enttäuschungen. Ja, inmitten der Christenheit hat man diesen großen Entwurf der Hoffnung herunterdividiert, bis nur noch christliche Sitte, christ-

liche Lebenshilfe übrigblieb. Und doch ist nichts notwendiger, als daß wir wieder begreifen, daß christliches Leben, jedenfalls nach neutestamentlichem Zeugnis, durch das Warten auf den kommenden Herrn, den Tag und Sieg Jesu Christi bestimmt wird.

„Seid gleich den Menschen, die auf ihren Herrn warten" — so hat Christus gemahnt. Ist das nicht so etwas wie eine Definition des Christen? Man könnte Vergleiche anstellen, um die Art dieses Wartens zu verdeutlichen: Warten wie eine schwangere Frau auf ihr Kind. Warten wie ein Ackermann auf die Frucht des Feldes. Warten wie der Bräutigam auf seine Hochzeit. Warten wie ein Gefangener auf die Heimkehr. Gerade über das letztgenannte Beispiel hat Helmut Gollwitzer in seinem Buch „Und führen, wohin du nicht willst" besonders nachgedacht: „Die Existenz des Gefangenen ist eine eschatologische — eine Erwartung ewiger Erfüllung aller Verheißungen —. Sie wurden mir am eigenen Leib zu einem außerordentlichen Gleichnis der christlichen Existenz, wie sie gerade in der Wiederkunftserwartung der Urgemeinde sich ausgesprochen hat. Der Gefangene lebte ja nicht etwa ohne jegliche Erwartung für sein Leben. Er befand sich keineswegs in einer Sklaverei, die hoffnungslos gewesen wäre. Er erwartete sogar sehr viel. Er war die fleischgewordene Erwartung — aber er erwartete alles von der Zunkunft, nichts von der Gegenwart, und zwar alles von einer ganz bestimmten Zukunft: von

einem ‚Tag', um dessentwillen sich schon allein das gegenwärtige Leben lohnte. Daher die überraschend seltenen Selbstmorde in den Lagern. Von diesem Tag zu sprechen, verklärte die Gesichter. Die Stunde des Empfangs zu Hause malte man sich tausendmal beim Einschlafen und beim Arbeiten aus."
So also sieht christliches Warten aus: daß einer alles von einer ganz bestimmten Zukunft, dem ‚Tag' des Christus, erwartet. Er selbst, Jesus Christus, ist unsere Zukunft.

Herr, du hast mich ergriffen,
und ich konnte dir nicht widerstehen.
Ich bin weit gelaufen,
aber du hast mich verfolgt.
Ich habe Umwege gemacht,
aber du hast sie erkannt.
Du hast mich wieder getroffen.
Ich habe mich gesträubt. Du hast gewonnen!
Herr, da bin ich. Ich habe ja gesagt.
In einem Augenblick hast du mich erobert.
In einem Augenblick hast du mich ergriffen.
Meine Zweifel wurden weggefegt,
meine Furcht ist davongeflogen;
gezeichnet bin ich vom Feuer deiner Liebe.
Jetzt weiß ich dich da, nahe bei mir.
Alles ist klar. Alles ist Friede.

Michel Quoist

Es ist eines von den Worten, denen man in unserer Umgangssprache nicht mehr allzu oft begegnet. Man hört es noch ab und zu in einem Zusammenhang wie „das hat mich Überwindung gekostet“ oder „ich habe mich selbst überwunden“ und in ähnlichen Formulierungen. Zieht man sinnverwandte Wörter zur Erklärung von „überwinden“ heran, so trifft man auf Worte wie: bezwingen, unterwerfen, meistern, bewältigen, übertrumpfen, mattsetzen — lauter Worte also, die einen triumphierenden Klang haben. Ist dies nicht der Grund dafür, daß so ein Wort wie „überwinden“ kaum noch vorkommt?
Wir mögen die großen Worte heute nicht mehr so gern. Wir sagen lieber „Überstehen ist alles“, als daß wir vom „Überwinden“ reden; aus Angst, zu viel zu sagen, den Mund zu voll zu nehmen. In unserer Bibel sind es allerdings nicht wenige Abschnitte, die vom Überwinden reden. Das könnte nun zu der Meinung führen, daß auch wir viel unbefangener und viel direkter davon reden sollten, und also mehr von unseren Siegen als von unseren Niederlagen erzählen sollten.
Aber wenn wir auf den Zusammenhang achten, in dem „überwinden“ vorkommt, vergehen uns sehr schnell die großen Worte. Ein Beispiel:

„In der Welt habt ihr Angst; aber seid getrost, ich habe die Welt überwunden." (Johannes 16, 33) Danach gefragt, ob ich jemand bin, der überwindet, kann ich offenbar nur auf den zeigen, der die Welt und damit mich ja auch überwunden hat. Denn wir sind nicht die Sieger, wir tragen vielmehr die Zeichen unserer Niederlagen. Gehören wir zu Gottes Volk, so haben wir teil an dessen Los, wie es der Dichter Auden beschrieb: „Die Zeit ist unser Geschäft, in Spannung zu sein unser Los, dessen Leid unsere Last ist; denn wir sind seine Erwählten, Überreste von ihm, zerrissen, auf Treppen gestoßen, ausgepfiffen, beschimpft und verdammt, wie Feuerschein über erschreckten Ländern — und dennoch sein Volk." Aber eben — sein Volk, das sich in die Zusage Christi hineinbirgt: „Ich habe die Welt überwunden."
Von dieser Voraussetzung her kann der Apostel Paulus schreiben: „In dem allem überwinden wir weit durch den, der uns geliebt hat." (Römer 8, 37) Wenn wir so einen Satz für sich nehmen, dann könnten wir wohl einwenden: Hier wird zuviel gesagt. Vielleicht gilt er für den Apostel Paulus auf dem Höhepunkt seines Lebens. Aber wir? Wer kann hier noch folgen? „In dem allem" — damit ist ja gemeint: Hunger und Durst, Verfolgung, Gefahr, Bedrängnis, Krieg, Tod — „In dem allem überwinden wir weit?" Wer denn von uns, wer überwindet weit? Wir überwinden nicht einmal knapp. Nein, es geht uns nicht besser als den anderen.

Denn wann stünden wir je darüber? Wir stehen darunter, dort, wo alle anderen auch stehen.
Wir wollen uns nichts vormachen. Es bleibt wahr und trifft unsere Situation genau: „In der Welt habt ihr Angst." Trotzdem gilt: „Alles, was von Gott geboren ist, überwindet die Welt. Und unser Glaube ist der Sieg, der die Welt überwunden hat!" (1. Johannesbrief 4, 5) Welch ein Glaube ist gemeint? Nicht die subjektive Überzeugungskraft eines frommen Heroen, sondern die Bindung an den, der die Welt überwunden hat, der sie entgiftet, entschärft hat. In seinen Sieg ist unser Leben, ist unser Glaube mit hineinverwoben.
Daß das Konsequenzen hat, ist klar. Konsequenzen zum Beispiel wie diese: „Laß dich vom Bösen nicht überwinden, sondern überwinde das Böse mit Gutem." (Römer 12, 21) Freilich, auch hier kann man nicht von Christus absehen. So wie er sich durch unser Böses nicht irremachen ließ, unser Böses mit Gutem überwand, so sollen und dürfen wir nun unter dem Zeichen seines Sieges leben. Und das heißt dann zum Beispiel, daß wir dem Bösen keine Nahrung geben, sondern es sozusagen aushungern. Wie das geschieht? Eben dadurch, daß wir vergeben, so wie er vergeben hat. Von solchen Leuten sagt die Offenbarung (3, 12): „Wer überwindet, den will ich zum Pfeiler in dem Tempel meines Gottes machen."

IN WELCHEM SPIEGEL ERKENNEN WIR UNS?

Es gibt wohl niemanden unter uns, der sich nicht schon im Spiegel angeschaut hat. Es gehört zu uns, daß man sich da fertigmacht und meistens ist es ja so, daß man in einer Art von Routineablauf diese Geschichte schnell hinter sich bringt.
Aber manches Mal kann es einem auch passieren, daß man mitten drin verharrt, daß man länger hinschaut und mit einem anderen Blick auch tiefer schaut und sich dabei fragt: Wer bist du eigentlich? In diesem Spiegel ist man sich zugleich vertraut und auch fremd. Und wenn wir darüber nachdenken, daß es Spiegel gibt, auf Jahrmärkten und anderswo, die als Zerrspiegel uns auch schon einmal belustigt haben, dann wissen wir, wie man plötzlich auseinandergenommen ist. Man lächelt wirklich darüber, aber ich habe mir erzählen lassen von einem Mädchen, das war verwachsen und häßlich. Und plötzlich hatte der Zerrspiegel alles das zurechtgebracht, was an ihr so durcheinander war. Sie konnte sich von diesem Spiegel nicht mehr trennen.
Ob nicht mancher unter uns auch irgendwo mit sei-

nen Schäden, mit seinem Behindertsein, das ja vielfache Gestalt haben kann, sich so einen Spiegel wünscht, der ihn wieder ganz und heil sein läßt?
Und ich denke noch einen Schritt weiter: Es kann einem passieren, daß man bei irgendwelchen Besichtigungen in solch einen Spiegelsaal kommt, und plötzlich sieht man sich wie von allen Seiten, und man erschrickt darüber, so vielfältig gespiegelt und möchte sich verbergen oder sich zurechtmachen oder auf irgendeine Art und Weise eine gute Figur machen. Aber man merkt: Ich bin der, der ich bin.
Der Spiegel spiegelt diese Wahrheit. Und wenn ich jetzt von dem Spiegel wegsehe auf die Menschen, frage ich mich, sind sie nicht auch Spiegel für mich, und was spiegeln sie wider von mir? Das, was ich gerne wäre und auch ihnen vorspiele, oder das, was ich wirklich bin? Das, worin sie merken, mit dem ist so und so leben, manchmal nicht gut Kirschen essen, manchmal einigermaßen zurechtzukommen, aber wer ist dieser Mensch wirklich?
Da kann es einem passieren — und heutzutage passiert das häufiger —, daß man sich in ganz bestimmten Gruppen trifft, um sich gegenseitig solch einen Spiegel vorzuhalten. Aber mancher geht weg von der Gruppe, erschlagen von dem, was ihm als Spiegel vorgehalten worden ist, und er kommt nach Hause und sieht eigentlich nur die Scherben auf dem Boden liegen, das also bin ich. Er sieht nur noch Details, die über ihn gesagt werden, und er findet sich nicht mehr zusammen, so wie die anderen ihn

auch nicht zusammengefunden haben. Und warum nicht? Weil die Liebe fehlt.
Wenn dort, wo wir uns anschauen, wo wir uns beurteilen, wo wir miteinander umgehen, die Liebe fehlt, sehen wir nur noch einzelne gute oder schlechte Eigenschaften, aber nicht mehr den ganzen Menschen. Und an der Liebe fehlt es nicht nur dort, wo wir uns so abschätzend begegnen, sondern auch in den Gemeinden von des Apostel Paulus' Zeiten an bis heute. Und wenn wir in den Zeitungen und den Massenmedien sehen, was Tag für Tag in der Welt in der Nähe und Ferne passiert, dann ist es, als wäre die Liebe aus der Welt davongegangen und als wären ganz andere Kräfte und Mächte eingezogen, die sich nun einrichten und Herrschaft ausüben und Macht. Und das, was wir an Liebe noch suchen und wonach wir uns sehnen, das hält sich versteckt, oder das scheint zu einer Überwelt zu gehören und nicht mehr zu unserer Welt.
Muß das so bleiben?

SEIN LEBENSKREUZ BUCHSTABIEREN

Mancher beklagt tagtäglich sein Unglück. Immer wieder fängt er davon an. Die anderen können das kaum noch hören. Das kann manchmal schlimm sein. Denn er hat nur noch dies — und wenn man sich ihm verschließt — was dann? Muß er das jetzt in sich hineinschlucken?

Freilich, was heißt Unglück in diesem Zusammenhang? Gehört dazu alles, was wir im Leben nicht erreicht haben? Sind wir vielleicht nicht manchmal viel zu schnell dabei, von Unglück zu reden? Wir übersehen dabei das kleine Glück, das darauf wartet, von uns entdeckt zu werden. Denn die unter uns mit den wirklichen Belastungen reden oft eine ganz andere Sprache, tapfer und zuversichtlich; sie sagen, daß sie damit fertig werden wollen.

Mich hat in diesen Tagen ein ergreifender Brief erreicht. Eine blinde Frau hat mir geschrieben. Geradezu beispielhaft wird an diesen Zeilen deutlich, wie ein Mensch sich selber in der Zuordnung des Lebens zu verstehen und anzunehmen weiß.

Sie schreibt: „Kürzlich kam mir einmal in den Sinn, mein Lebenskreuz zu buchstabieren. Sowohl seine Versuchung als auch seine Befreiung. Dieses Lebenskreuz heißt: *Blindheit*. Und wie ich das buchstabiere?

B — wie Bitterkeit. Ich stehe auf der Schattenseite des Lebens. Alles ist sinnlos, auf mich warten nur Enttäuschungen. Aber

B — auch wie bergen. Das Wort steht für Vertrauen. Vertrauen auf Gott. Und dann

L — wie Leid. Ja, manchmal fast unerträgliches Leid. Aber

L — zugleich auch Licht, Leben, Liebe. Und

I — wie Isolation. Sich so sehr verschließen, daß niemand mehr einen Zugang findet. Aber

I — auch wie Innerlichkeit, von den heilenden Kräften leben, die in uns sind. Die Brunnen lebendigen Wassers entdecken und es verströmen. Weiter:

N — wie Neid. Nur schauen auf das, was andere haben, und sie spüren lassen, daß man zu kurz gekommen ist. Aber

N — auch wie Nähe. Wissen, daß Gott da ist und Freunde, die mir helfend die Hand entgegenhalten. Und

D — wie Dunkel. Angst, daß die Kraft nicht mehr ausreicht. Angst vor dem Scheitern. Aber

D — auch wie Dank. Er macht das Herz hell und den Blick weit. Und

H — Hunger! O ja, Hunger nach Licht und Farben und Blumen, nach Bergen, Tälern und Seen, nach all dem Schönen, das das Auge sieht.

H — aber auch wie Hoffnung. Hoffnung, daß alles dies auf mich wartet, daß es einmal da sein wird und noch viel mehr als ich erwarte. Und daß ich dennoch ein volles Leben habe, in das viele Möglichkeiten hineingegeben sind.

E — wie Enge. Dieses Gefangensein in sich selber wie in einem Labyrinth. Aber auch

E — wie Erkenntnis. Herz, Wille, Verstand und Phantasie, das ganze Wesen muß geöffnet sein, dann fällt sie in reichem Maße zu.

I — wie immer. Immer wird dies mein Kreuz bleiben. Immer bei Tag und Nacht werde ich es tragen müssen, und immer wieder werde ich müde werden. Aber ist die Last zugleich nicht auch meine Chance, die Gott mir gibt? Hier erwartet er mein Handeln.

T — wie Tunnel. Ganz allein muß ich meinen Weg gehen. Niemand hört mich. Nur mein eigenes Rufen wirft das Echo zurück. Aber

T — wie Tunnel. Dieser Tunnel hat einen Ausgang, und einen Ausgang gibt es wieder und immer wieder. Es gibt die ganz glücklichen Stunden, in denen es in mir betet.

Ich meine, hier hat jemand stellvertretend für viele den Zusammenhang von Leben und Leid buchstabiert. Ob Sie das auch so tun können mit dem, was die Last Ihres Lebens ist? Mancher mag einwenden: Ich kann das nicht — aber, wenn ich es doch auch könnte!

In der Bibel steht: „Was seid ihr so ängstlich, habt ihr noch immer keinen Glauben?" (Markus 4, 40) Ob es vielleicht nicht zuletzt darauf ankommt: zu wissen, wohin ich gehöre?

WAS GEHT VON UNS AUS?

Manchmal macht man überraschende Entdeckungen. Gerade dort, wo man es überhaupt nicht erwartet hat.
Da saß ich vor kurzem in einem Zugabteil auf der Fahrt nach Stuttgart. Wie das so ist, man setzt sich hin, holt ein Buch heraus, schaut sich kurz einmal um: wer sitzt einem gegenüber, wer sitzt neben einem? Da waren noch zwei Herren, die auch jeder für sich bleiben wollten — das merkte man an der Art und Weise, wie sie sich eingerichtet hatten. So weit, so gut.
An der nächsten Station stieg eine junge Familie zu; man hörte das Schreien des Kleinkindes. Auch wer sich schwertut, Gesichter zu entziffern, man konnte es den Mitreisenden leicht ablesen: Hoffentlich kommen die nicht in „unser" Abteil. Hoffentlich werden wir in Ruhe gelassen.
Aber dann öffnete sich die Tür, und die junge Frau mit dem Baby im Arm kam herein. Hinter ihr ein vierschrötiger Mann, mit Koffern beladen. Sicher waren unsere Blicke nicht sehr einladend, vielleicht sogar mißbilligend — hinterher geniert man sich immer über sich selbst. Die junge Frau wickelte dieses kleine Kind aus — ganz klein, erst ein paar Tage alt — sie kam gerade aus dem Krankenhaus:

der Mann hatte sie abgeholt. Was sie da auswikkelte, das veränderte einen nach dem anderen.
Und wieder konnte man von den Gesichtern ablesen, was so mancher vor sich hindachte. Vielleicht der eine: „So hast du auch mal angefangen, so ganz klein. Und was ist aus dir geworden? Mit welchen Hoffnungen wird deine Mutter dich angesehen haben, als du so in ihrem Schoß lagst, ganz ihr gehörtest, bis du auf deinem weiten Weg von ihr weggingst ..." Und er schaute auf dieses Baby hin wie jemand, der ihm das Gute wünscht, die helle Zukunft. Ja: Überhaupt eine Zukunft!
Und der andere, was bei dem abzulesen war?: „Eigentlich hast du vergessen, daß dein Kind auch einmal so war. Damals — was hast du ihm da nicht alles heimlich versprochen und ihm zugesagt, und alle möglichen guten Gedanken bewegt, die um dieses Kind herum sein sollten, bewahrend, in das Leben einführend. Wieviel hast du davon wirklich gehalten? Und wieviel kannst du ihm davon jetzt noch bringen?"
Und der dritte, der die Eltern musterte: „Wie werden sie mit diesem kleinen Baby umgehen? Was werden sie ihm sein, und was werden sie ihm nicht sein?"
Und er denkt daran, wie so ein Kind das Versprechen Gottes ist unserer Welt gegenüber, daß wir von ihm nicht aufgegeben sind.
Ein kleiner Mensch also. Er hat kein Wort gesagt, nur da war er. Und wie hat er uns nachdenklich ge-

macht in diesem Mittagszug, innerlich verwandelt, an Wichtiges erinnert.
Warum passiert das nur bei kleinen Menschen? Was geht eigentlich von uns Großen aus?
Oft nur Aggressionen, oder so eine Art „laß mich in Ruhe, rühr mich nicht an!“, nur dies, daß man kundtut: Wappne dich, damit du mir nicht zu sehr ins Gehege kommst. Geht also von uns vor allem Unruhe aus und manchmal Streit? Das kennen wir doch alles.
Dabei sind wir von Gott anders gemeint. Eben so wie dieses Baby. In die Welt geschickt, damit wir dort, wo wir sind, etwas Gutes, Helfendes, Frohes ausstrahlen.
Von Jesus zum Beispiel ging etwas aus, das die Menschen aufatmen und frei werden ließ in seiner Nähe, sorglos, gelassen. Eben wirklich so, daß sich bei ihnen etwas veränderte. Ob das bei seinen Leuten nicht auch der Fall sein müßte? „Wer an mich glaubt, von des Leib werden Ströme lebendigen Wassers fließen“, kann man im Neuen Testament lesen. (Johannes 7, 38)
So viel Ermutigung kann von uns ausgehen.

Manchmal maßen wir uns tatsächlich eigentümliche Positionen an. Wir tun so, als ob wir anderen gegenüber besser, anders, gewissenhafter, alles in allem tugendhafter wären. Warum tun wir das? Wollen wir damit unsere eigene Position stärken? Oder gar uns anderen empfehlen als besonders zuverlässige Leute? Wenn es nur ein Spiel wäre, um sich selber zu stabilisieren, könnte es ja noch angehen. Aber wir machen ja etwas ganz anderes daraus: ein Richteramt. Darum mahnt der Apostel Paulus (Römer 14, 10 ff.): „Du aber, was richtest du deinen Bruder? Oder du anderer, was verachtest du deinen Bruder? Wir werden alle vor dem Richterstuhl Gottes dargestellt werden."
Paulus wehrt mit diesen Worten der elementaren Lust, über andere zu Gericht sitzen zu wollen. Er kennt uns und weiß, wie schnell wir die „Robe des Richters" überziehen, um uns aus der Position der Überlegenheit über einen Mitmenschen zu entrüsten.
Zugleich erinnert er an die letzte Instanz, vor der alle Unterschiede, die wir zu machen pflegen, um uns zu überhöhen und andere zu distanzieren, relativiert werden. Es ist nicht so, daß er mit dem „Richterstuhl Gottes" droht. Er stellt nur klar. Er lockt uns weg von den Richterstühlen, auf denen wir uns

eingerichtet haben. Jeder wird für sich selbst Gott Rechenschaft ablegen. Wer bin ich dann noch, daß ich über jemanden richten darf? Wo ich es trotzdem tue, maße ich mir die Position Gottes an — welch ein unmöglicher Platz für mich!

Darum schließt die Ermahnung des Apostels: „Laßt uns nicht mehr einer den anderen richten, sondern richtet vielmehr darauf euern Sinn, daß niemand seinem Bruder einen Anstoß oder Ärgernis bereite."

Zu einem neuen Leben aus der Gnade kommen wir in einer anderen Haltung: In Psalm 57, Vers 2 heißt es: „Sei mir gnädig, Gott, sei mir gnädig. Denn auf dich traut meine Seele."

Dies ist eine Bitte. Mancher mag sie anders beurteilen. Aber sie kommt aus einer Situation, die uns nicht unbekannt ist: Man fühlt sich von allen guten Geistern verlassen. Besonders von dem guten Geist Gottes.

Mit sich allein, seinen Ängsten, seinen Zweifeln, ist alles weggeglitten, was einem sonst Gewißheit gab. Wie aus einer Hand gefallen, kommt man sich vor. Und das Bodenlose unter einem hat viele böse Gesichter.

Ansprüche vor Gott, wie man sie sonst oft einbringt, sind einem vergangen. Man findet sich nicht zurecht, weder im Glauben, noch im Leben.

Was bleibt, ist das Rufen, herausgeboren aus einer letzten Sehnsucht: „Sei mir gnädig, Gott, sei mir gnädig."

Es ist Appell an die freie Zuwendung Gottes zu mir.

Ich habe nichts, worin ich mich ihm empfehlen könnte, nichts mehr, was ich vorweisen kann. Ich verlasse mich nur noch auf das, was er frei, umsonst, ohne irgendeinen Vorwand geben kann: Gnade.
Sie ist die große Freiheit Gottes, aber es ist auch seine Treue. Und er wird in seiner Gnade für mich der, der mich wieder einsetzt und einfängt in neue Beziehungen und Hoffnungen für das Leben. Freilich für ein Leben, in dem ich auch um mich herum Gnade vor Recht ergehen lassen werde. Daran will uns Bernanos erinnern, wenn er fragt: Wo habt ihr die Gnade versteckt?

Barmherzig und freundlich ist der Herr,
geduldig und reich an Güte.
Er geht nicht mit uns um,
wie wir es verdient hätten,
und lohnt uns nicht,
wie es unserer Schuld entspräche.
Denn so hoch der Himmel über der Erde ist,
so mächtig leuchtet seine Freundlichkeit
über die, die zu ihm gehören.

Aus Psalm 103, nach Jörg Zink

FRÜH ÜBT SICH

Es gibt Stichworte, die haben es in sich. Eins davon heißt: „Man kann nie früh genug damit anfangen." Das klingt so, als würde einem eine Last aufgelegt, für die man schon früh breite Schultern braucht. Aber es kann auch nach einer Überlegung klingen, mit der man sich auf später vorbereitet. Daran dachte ich, als im Gottesdienst ein Vater mit seiner kleinen Tochter vor mir saß. „Man kann nie früh genug damit anfangen, sein Kind mit der Atmosphäre eines Gottesdienstes vertraut zu machen."
Auch wenn es so ist, daß ein Kind natürlich eine Menge Fragen stellen möchte. Was hat die Kleine neben dem Vater in der Kirchenbank vor mir nicht alles auf dem Herzen. Doch wohin mit dem Stau der vielen Fragen? Weil der Vater wußte, daß es für ein kleines Kind nicht so einfach ist, zuzuhören, setzte er es auf seine Knie, und es durfte solange hineinschauen in die Gemeinde, bis es mit den anderen Kindern zur Kinderkirche wegging. Zwar hatte man dem Vater gesagt: „Das Kind hat ja noch gar nichts davon, es ist dafür ja noch viel zu klein. Außerdem wird es sicher unruhig werden, und die anderen Leute bei der Andacht stören ..."
Aber vielleicht sollten wir uns manchmal stören lassen, damit wir merken, wie die Frische und Lebendigkeit geschöpflichen Lebens und das Nach-

denken und Aufnehmen geistlichen Lebens zusammengehören. Auch andere Gedanken konnten ihn bewegt haben, diesen Vater: „Es wird nicht immer so sein, daß du so selbstverständlich mitgehst in die Kirche. Irgendwann wirst du sagen: Ich will das nicht, und mit dir schon gar nicht. Und dort sitzen ja lauter alte Leute, und die Lieder gefallen mir nicht, und überhaupt, die Predigt ist zu lang ...“
Ja, das wirst du wahrscheinlich vielen anderen nachplappern, die das irgendwann behauptet haben, aber vielleicht wirst du nie mehr vergessen, da du diese Stufe schnell durchschritten hast, wie das zusammengehört: die Geborgenheit, die Wärme, das Zuhausesein an dem Ort, wo Gott uns allen nah sein will mit seinem Wort und mit seiner Freude.
So oder ähnlich mag der Vater gedacht haben. Jedenfalls, eines hat er gewußt: „Man kann nie früh genug damit anfangen, sein Kind mit in die Kirche zu nehmen.“
Und wenn ich selbst zurückdenke, dann danke ich meinem Vater heute noch, daß er mich regelmäßig mitnahm in den Gottesdienst. Ich vergesse nicht, wie er einmal sagte: „Irgend einen Satz oder irgend eine Liedzeile wirst du schon einmal behalten, du wirst sehen!“
Daran erinnere ich mich heute manchmal, wenn ich auf der Kanzel stehe und Väter mit ihren Kindern in den Bänken sitzen. Und ich hoffe, daß niemand von den regelmäßigen erwachsenen Kirchgängern irgendwann sich umdreht und zischt, oder mit dem

Finger droht und irgendwelche anderen Bewegungen macht, die ein Kind erschreckt fragen lassen: Unter welche Leute bin ich geraten?
Nein, Kinder sollten uns willkommen sein im Gottesdienst, und wir sollten sie das spüren lassen. Sie durchbrechen starre Formen mit ihrer Naivität und zwingen uns, einfach und verständlich zu reden. Sie erinnern daran, daß im Gottesdienst der Kirche die Familie Gottes beieinander ist, und manchmal gehen ihre Fragen uns unter die Haut. Freilich, oft wird es auch unfreiwillig heiter. Mitten in einer langen Predigt seufzte ein Kind in der ersten Kirchenbank: „Mutter, ist das der einzige Weg, um zum Himmel zu kommen?" — seitdem predige ich kürzer.
Jesus hat gegenüber aller Ernsthaftigkeit der Jünger, die meinten, Kinder abwehren zu müssen, weil „das doch nichts für sie sei", gesagt:
„Lasset die Kinder zu mir kommen und wehret ihnen nicht, denn ihrer ist das Reich Gottes!" (Matthäus 19, 14)
Es ist, als ob auch Jesus zu uns gesagt hat: „Man kann nie früh genug damit anfangen" — Kinder zu ihm zu bringen.

Manche Worte haben ihre Zeit. Jahrelang scheinen sie beiseite gerückt — und dann, plötzlich sind sie voll da. Vielleicht im Zusammenhang mit historischer Erinnerung oder mit politischen Entscheidungen, die anstehen.
Eines von diesen Worten ist das Wort „Gewissen". Aber, was ist Gewissen?
Zunächst hat es in unserem Sprachgebrauch etwas Freies an sich, etwas Unantastbares. Eigentlich ist es dann der Mensch selbst, der Mensch, auf den Forderungen zukommen, die er mit seinem Handeln verantworten und beantworten muß. Nach seinem Gewissen handeln, das bedeutet dann so viel wie „gut handeln".
Aber ist das oft mehr als nur eine Art moralisches Erinnerungsvermögen? Und hat es sich nicht in einigen Erfahrungen — persönlichen wie auch in den Erfahrungen unserer Geschichte — herausgestellt, daß das Gewissen fast so etwas ist wie der elastische Stoff der Welt? Oft mit allem einverstanden, was dem eigenen Vorteil dient. Wieviel Stimmbrüche hat die Stimme unseres Gewissens da schon durchgemacht? Weil das Gewissen den Menschen in Zwiespalt mit sich selbst bringt und sozusagen seine Instinkte unterdrückt, hat Friedrich Nietzsche die Forderung aufgestellt, den „Willen zur Macht

als alleinige Richtschnur" zu nehmen. Mit welchen Konsequenzen? Das haben wir noch in Erinnerung. Darum ja die kritischen Rückfragen.
Trotzdem ist es wahr: Das Gewissen ist die erste und innerste Voraussetzung des persönlichen Urteilens und Entscheidens und nicht eine Instanz der Gesellschaft. Nicht, was man tut oder was man nicht tut, steht hier auf dem Spiel, sondern dies, was Hermann Hesse mit dem Satz ausdrückt:
„Jeder Mensch ist etwas Persönliches und Einmaliges. Anstelle des persönlichen Gewissens ein kollektives setzen zu wollen, ist der erste Schritt zum Totalitären."
Gewissensentscheidung also tatsächlich immer die Reaktion eines einzelnen. Doch muß er sich die Frage gefallen lassen: Wie ist es eigentlich mit deiner Berufung auf das Gewissen? Wer ist der Auftraggeber dieses Gewissens? Lassen Sie mich das doch anders herum sagen:
Wenn es wahr ist, daß das Gewissen eine Art Wachhund des inneren Lebens ist, wer ist dann der Herr, der ihm sagt, was er tun muß?
Noch mehr: Löst die Berufung auf das Gewissen nicht auch die Frage nach dem Gehorsam aus? Ist es dann erlaubt, eine Gewissensentscheidung zu erwarten, die ernst macht?
Denn die Existenz des Christen besteht doch auch im Frieden des Gewissens. Sicherlich muß dann manchmal einiges aufs Spiel gesetzt werden: Image oder Karriere.

Gewissensentscheidung oder Gewissensbedenken werden zumindest dort, wo man sich unter Gott verantwortlich weiß, nicht ohne jenes Nachdenken bleiben können. In einem Psalm der Gewissensprüfung heißt es:

Herr, du erforschest mich und kennest mich.
Ich sitze oder stehe auf, so weißt du es;
du verstehst meine Gedanken von ferne.
Ich gehe oder liege, so bist du um mich
und siehst alle meine Wege.
Denn siehe, es ist kein Wort auf meiner Zunge,
das du, Herr, nicht schon wüßtest.
Von allen Seiten umgibst du mich
und hältst deine Hand über mir.
Diese Erkenntnis ist mir zu wunderbar und zu hoch,
ich kann sie nicht begreifen.
Wohin soll ich gehen vor deinem Geist,
und wohin soll ich fliehen vor deinem Angesicht?
Führe ich gen Himmel, so bist du da;
bettete ich mich bei den Toten,
siehe so bist du auch da.
Nähme ich Flügel der Morgenröte
und bliebe am äußersten Meer,
so würde auch dort deine Hand mich führen
und deine Rechte mich halten.
Prüfe mich und durchschaue meine Gedanken
und siehe, ob ich auf bösem Weg bin
und leite mich auf ewigem Wege.

Psalm 139

RIVALITÄT

Wohin wir auch kommen — immer haben wir mit jemand anderem zu tun. Man kann fast sagen: Zwei ist die Zahl des Menschen.
Zwei miteinander, zwei füreinander, aber manchmal auch zwei gegeneinander.
Da gibt es menschliche Grundsituationen, die haben es in sich. Da hat jemand nach Jahrzehnten angestrengter Arbeit endlich die Position erreicht, von der er immer geträumt hat. Endlich, sagt er und freut sich, ganz oben zu sein. Aber wenig später merkt er: da sind welche unter ihm, die hätten auch gerne seinen Posten. Schon arbeiten sie zielbewußt und zielstrebig darauf zu. Und er weiß: Die Rivalen sind schon am Zug. Jetzt nur keinen Fehler machen, den sie für sich ausnutzen könnten.
Was für eine menschliche Grundsituation! Es ist die der Rivalität.
Aber neu ist sie nicht. Sie ist urmenschlich, diese Situation. Denken wir zum Beispiel an Saul und David.
Der eine, Saul, ist ganz oben: Er ist König. Aber auch ganz oben hat man manchmal seinen Kummer, seine Stimmungen. So ruft man einen jungen, freundlichen Menschen, der mit allerlei Kenntnissen den König ermuntern und freundlich stimmen soll. Zum Beispiel auch mit Musik. Dieser junge Mann heißt David. Er war ein heller und heiterer

Typ. Alle mochten ihn. Und in der Bibel heißt es: „Der Herr war mit ihm."
Welch eine Konstellation! Der Alte in seiner Position, fest im Sattel, Saul, und der Junge, der Aufsteiger, David.
Was wird er gedacht haben, der Saul, als David ihm vorspielte: „Dieser junge Mann! Er wird dich ablösen. Er wird an deine Stelle treten, der geborene Nachfolger! Du mußt es zugeben: Er ist besser als du, begabter, kenntnisreicher. Alles geht ihm leichter von der Hand als dir. Mach dir nichts vor. Längst hat der die Sympathien der Leute. Die warten nur darauf, daß du ihm Platz machst. Haben die vergessen, was du für sie getan hast? Ungerecht ist das und undankbar dazu."
Gedanken, wie sie nicht nur vor 3000 Jahren gedacht worden sind. Sollten sie auf mancher Chefetage in manchem Betrieb nicht auch zu Hause sein? Und wie weiter?
Den alten König beherrschte damals nur ein Gedanke: dieser junge Mann, dieser Konkurrent muß weg. Und wenn er weg ist, dann bist du wieder der einzige, den sie haben. Und du hast endlich deine Ruhe. „Du mußt diesen Rivalen loswerden!", denkt Saul. Und — was tut er? Er wirft den Speer, um den Jungen auszulöschen. Ein brutaler Entschluß, der aus dem Geist Kains geboren ist.
Heute hat man feinere Methoden. Überraschende Kontrollen vornehmen, ein Dossier angeben, jemanden wegschicken, um die Zweigstelle am an-

dern Ort zu übernehmen — was tut einer nicht alles, um den Konkurrenten loszuwerden. Und der? Was mag damals in David vorgegangen sein: „Warum so plötzlich dieses eisige Klima. Was hat er nur gegen mich? Ich habe ihm doch geholfen, meine Musik, mein Erzählen, wie hat es ihm gutgetan."

Und heute? Wie erfährt es da mancher Aufsteiger? „Was hat der Chef heute gegen mich? Warum mäkelt er dauernd an mir herum? Was habe ich ihm bloß getan? Ich sein Rivale — daß ich nicht lache!"

Rivalität — eine Grundsituation. Manchmal zwischen Geschwistern, manchmal zwischen Schülern, manchmal zwischen Kollegen. Worauf kommt es an? Vielleicht muß man als Älterer den Satz buchstabieren lernen: „Nur wenn du verlierst, kannst du gewinnen."

Jedenfalls — das gibt es: die Einsicht an das, woran man sich um jeden Preis geklammert hat, fahren zu lassen und sich führen zu lassen in das Neue. Nicht mehr gefangen zu sein im Netz der Selbstverwirklichungen um jeden Preis. Sondern sich die neuen Möglichkeiten zeigen zu lassen. Das Leben ist mehr, als eine Position mit allen Mitteln zu verteidigen.

Rivalität — eine menschliche Grundsituation. Sie gehört zu uns. Aber es kommt darauf an, aus welchem Geist wir sie bestehen. Aus dem Kains: der andere muß weg, oder aus dem Geist Jesu: Liebe deinen Nächsten, er ist wie du.

KLEINE BRÜDER UND SCHWESTERN

Fast klingt es wie eine Rätselfrage: Sie sind mitten unter uns und stehen doch am Rand. Aber es ist keine Rätselfrage. Es ist eine Schicksalsfrage für die, von denen ich erzählen will: die Behinderten. Es sind inzwischen etwa 4 Millionen, die bei uns in der BRD leben. Jeder 15. unter uns leidet an zumeist ir-reparablen körperlichen, geistigen oder seelischen Schäden.
Sicher, wir haben ein Gesetz, in dem heißt es: Aufgabe der Eingliederungshilfe ist es vor allem, dem Behinderten die Teilnahme am Leben der Gemeinschaft zu ermöglichen oder zu erleichtern. Aber mit Gesetzen allein ist es nicht getan. Es bedarf der Menschen, es bedarf unserer Mithilfe, daß sie durchgeführt werden. Es braucht das Bewußtsein, das Behinderte nicht mehr am Rande läßt, sondern sie in unserer Mitte sehen will.
Vielleicht möchten das viele unter uns ganz gern, aber sobald man mit einem Behinderten zu tun hat, weiß man oft nicht, wie man sich ihm gegenüber verhalten soll. Gerade diese Unsicherheit, die oft mit viel Zurückhaltung und auch Ablehnung gekoppelt ist, macht die Behinderten manchmal bitter: So heißt es in ein paar Versen aus dieser Stimmung heraus:

„Schlaf, Kindlein, schlaf!
Sei schön ruhig und brav!
Du bist ein kleiner Behinderter,
ein lebenslänglich Verhinderter
an menschlichem Leben und Streben,
du kommst niemals zum Leben —
schlaf, Behinderter, schlaf!
Schlaf, Behinderter, schlaf!
Sei schön ruhig und brav!
Sei dankbar und ergeben,
hab keine Wünsche ans Leben ..."

Bitter, sehr bitter. Aber herausgewachsen aus Erfahrungen mit uns, den anderen. Wir sind da oft genug Gefangene unserer Vorurteile. Dabei könnte es manchen unter uns schon morgen treffen. Direkt oder indirekt.

Was uns fehlt, ist vielleicht einfach das Zusammenleben mit den Behinderten. Ich bin kürzlich einige Tage in einer Familie gewesen mit zwei geistig schwer behinderten Kindern. Wenn man sie so sieht, denkt man zunächst, da gibt es wenig Begegnung und wenig Echo. Und dann merkt man von Tag zu Tag, wieviel Möglichkeiten in solch einem verkümmerten Geist ruhen. Da gibt es manchmal eine ganz differenzierte Empfindlichkeit für Stimmungen im Raum. Und es spiegelt sich auf den Gesichtern offen und frei die Freude, die Angst, die Sorge und der Kummer.

Nirgendwo als hier wird deutlicher, daß die Liebe

die letzte, die eigentlich tragende Brücke ist zwischen Menschen. Sie hat das letzte Wort. Sie wird auch dann noch verstanden, wenn unsere Sprache nicht mehr aufgenommen werden kann. Jesus hat sich mit diesen so an den Rand Gestellten ganz tief idendifiziert. Und er hat sie hereingeholt in unsere Mitte, wenn er sagt: „Was ihr getan habt diesen meinen geringsten Brüdern, das habt ihr mir getan." (Matthäus 25, 40) Von Brüdern spricht er, von Menschen, die ihm so nahe sind, wie niemand sonst. Sollten wir anders von ihnen sprechen? Ich denke an ein Gedicht anläßlich der Einweihung eines Tagesheimes für hirngeschädigte Kinder. Da heißt es:

„Wir haben eine kleine Schwester,
wir haben einen kleinen Bruder,
die sind ein wenig anders
als andere Erdenkinder.
Sie kamen in diese Welt,
an diesen schwierigen Ort,
mit etwas weniger Handgepäck,
als wir es mitbekamen.
Wir Erwachsenen sind so groß
in unseren Taten und Worten.
Aber unsere kleinen Geschwister
werden niemals groß.
Es ist für uns so leicht,
Kleine und Schwache wegzuschieben
und sie mit hilflosen Gesichtern
hinter uns zu lassen.

Wir vergessen so leicht,
daß einmal das letzte Schiff abgeht
und daß dann alle Passagiere
ihr Gepäck zurücklassen müssen.
Dann wird es für diese Kleinen
vielleicht am leichtesten,
denn sie besitzen nur ein Herz
voll Kummer und Freude.
Und die Freude ist so schön
und der Kummer so schwer.
Aber das haben unsere Geschwister
ja schon immer gewußt.
Deshalb laßt uns ihnen Freude schenken,
bis sie an Bord müssen,
unsere kleinen Geschwister
mit ihren Kinderherzen."

Wenn Sie also heute einen von ihnen treffen, von jenen Geschwistern, vergessen wir nicht uns mit ihnen zu freuen.

„Noch nie hatten wir in Westeuropa eine Kultur, in der Körper und Geist gleichberechtigt waren. Jahrhundertelang sahen wir nur den Geist zu versöhnen, das ist die Aufgabe, die des Fleißes der Professoren und der Liebe der Theologen wert ist" (Joachim Besser). Es ist eine große Aufgabe, die hier gestellt wird, und sie wird nicht leicht zu lösen sein, denn noch immer ist es so, daß man unter Christen ein gebrochenes Verhältnis zum Leib hat.
Woher kommt diese Leibfeindlichkeit? Nun, ganz gewiß nicht aus der Bibel. Dort wird viel unbefangener geredet. „Mein Leib und Seele freuen sich in dem lebendigen Gott." (Psalm 84, 3) Aber als griechisches, neuplatonisches Gedankengut in der Geschichte der Kirche Einfluß gewann, kam damit auch eine Leibfeindlichkeit auf, aus der heraus man geradezu behauptete, daß es ein Christ nur mit seiner unsterblichen Seele und mit dem Jenseits zu tun habe. Freilich hat es auch außerhalb der Christenheit immer wieder die Vorstellung gegeben, daß der Leib etwas Minderwertiges sei. Wie oft ist versucht worden, loszukommen von den Forderungen des Leibes und sich vom Geist in höhere Gefilde tragen zu lassen — bis dieser selbe Leib den Menschen wieder heruntergeholt hat auf den Boden der Tatsachen. Manches Leben gleicht einem dauernden Kampf zwischen Leib und Geist.

Aber der Leib ist nicht das „Grab der Seele". Er ist nicht weniger Gabe als die Seele und der Geist. „Gott gab uns beides, Leib und Seele, daß eines das andere trage und stähle, daß beides dem andern eng sich vermähle, gab Gott uns beides, Leib und Seele." (Hermann Claudius)
Darum ist es notwendig, zusammen zu lassen, was zusammen gehört. Gott selbst hat sich zu dem, was er geschaffen hat, bekannt. Jesus Christus, der Sohn Gottes, hat diesen menschlichen Leib angenommen und ihn nicht verachtet; dies ist ein Ja zur Leiblichkeit, das auch unser Verhältnis zu ihr neu prägen sollte.
Damit ist nicht gesagt, daß der Leib zur absoluten Größe erhoben wird. Der Leib ist Gabe und Aufgabe. Man kann diese Gabe vertun, wenn der Leib mit seinen Gewohnheiten nicht in Zucht gehalten wird. Dietrich Bonhoeffer hat gerade diese Aufgabe eine Station auf dem Weg zur Freiheit genannt: „Ziehst du aus, die Freiheit zu suchen, so lerne vor allem Zucht der Sinne und deiner Seele, daß die Begierden und deine Glieder dich nicht bald hierhin bald dorthin führen. Keusch sei dein Geist und dein Leib, gänzlich dir selbst unterworfen und gehorsam, das Ziel zu suchen, das ihm gesetzt ist. Niemand erfährt das Geheimnis der Freiheit, es sei denn durch Zucht."
Zucht ist verwandt mit ziehen, aufziehen, erziehen. So sehr wir gerade an diesen Bezeichnungen das Konkrete lieben, so wenig ist uns das Wort Zucht

selbst sympathisch. Offenbar hängt es damit zusammen, daß wir es in der Nähe zur Züchtigung angesiedelt haben, das erschwert uns den Zugang zur Sache. Was meint Zucht eigentlich?
Ganz gewiß nicht ein wohltemperiertes Leben, das unter der Devise steht: Alles mit Maß; ein Leben, dem alle Höhen und Tiefen genommen sind und das im Grunde mittelmäßig ist. Zucht üben heißt, in sich selber Ordnung verwirklichen. Aber dazu muß sich ein Mensch sich selber zuwenden. Nun gibt es freilich eine moderne Form, Zucht des Leibes zu üben, die völlig egoistische Motive hat. Jung aussehen! Schlank sein! Hauptsache Gesundheit! So und ähnlich lauten die Ziele, um derentwillen der Leib den tollsten Exerzitien unterworfen wird, weil man um jeden Preis versucht, sich selbst zu bewahren. Aber zu der Zucht des Leibes gehört mehr. Es gehört dazu, daß einer sich in Zucht nimmt um eines Zieles willen, das ihm von Gott gesetzt ist. „Gebet eure Leiber zum Opfer, das da lebendig, heilig und Gott wohlgefällig sei." (Römer 12, 1)
Um Gott im Alltag ganz zur Verfügung zu stehen, wird hier Zucht des Leibes gefordert. Eine Zucht, die den Namen Opfer, Verzicht trägt. Wenn von der Zucht des Leibes geredet wird, geht es offenbar immer um ein Ziel, um den Gehorsam des Christen gegenüber Gottes Wort und Auftrag. Im Blick auf diese große Aufgabe kann der Apostel Paulus sagen: „Wisset ihr nicht, daß euer Leib ein Tempel des Heiligen Geistes ist, der in euch ist, welchen ihr

habt von Gott, und seid nicht euer eigen? Denn ihr seid teuer erkauft; darum so preiset Gott an eurem Leibe." (1. Korinther 6, 19 f.)

Was heißt das anderes, als daß Zucht dahin zielt, den Menschen unversehrt und unangetastet für Gott zu bewahren? Es geht also nicht darum, durch angestrengte Selbstbeherrschung selbst etwas aus sich zu machen. Darum kann es in der Frage der Zucht des Leibes recht unbefangen zugehen. Augustinus schreibt: „Es ist ganz und gar gleichgültig, was und wieviel einer esse, sofern dabei nur das Wohl derer, mit denen er Gemeinschaft hat, und sein eigenes Wohl gewahrt werden. Worauf es ankommt, ist einzig dies, mit welcher Leichtigkeit und Heiterkeit des Herzens er darauf verzichten kann, wenn Not und Sollen es verlangen." Das ist die Atmosphäre, in der man den richtigen Umgang mit dem Leibe lernt. Alles, was Gott geschaffen hat, ist gut, ist voller Ja. Wie sollte ich da nicht auch das Nein zu den Begierden des Leibes sprechen, um tauglich zu bleiben für das, was Gott von mir verlangt?

Diese Zucht des Leibes verwirklicht sich in den verschiedensten Formen. Denn Leib — das sind die Hände, Leib — das ist der Mund, Leib — das ist das Geschlecht, Leib — das ist Leben in dieser Zeit. Die Zucht des Leibes läßt nichts aus. Aber wir sollten uns nicht fürchten, denn „Gott hat uns nicht gegeben den Geist der Furcht, sondern der Kraft und der Liebe und der Zucht." (2. Timotheus 1, 7)

Ich bin sehr für Spiele. Spielen lockert auf, wärmt an, macht beweglich. Eigentlich kann man es nicht, ohne daß andere mitspielen. Es ist auch gemeinschaftsbezogen.
Erstaunlich, welche Talente manche dabei entwikkeln! Und wie unterschiedlich wird reagiert! Manche können partout nicht verlieren, und andere scheinen immer auf der Siegerstraße zu sein. Freilich, wer möchte nicht, wenn er schon mitspielt, gewinnen?
Aber, gewinnen um jeden Preis? Das kommt vielleicht auf den Preis an, mag mancher einwenden. Wenn er vielversprechend genug ist, tut man schon einiges, um ihn zu gewinnen.
Und wenn der Preis zu hoch ist? Gewinnen also um den Preis des Lebens?! Das ist kein Spiel mehr. Das werden die Festgäste eines fröhlichen Wett-Essens auch gedacht haben, als es dem Sieger beim Weißwurst-Essen plötzlich schlecht wurde. Mit Begeisterung hatte er mitgemacht, der 45jährige Familienvater. Vielleicht kannte er sich ganz gut: So einen Meter Weißwurst, das schaffst du noch immer. Er schaffte es auch.

Und während er noch als Sieger beklatscht wurde, wurde es ihm unwohl und er rannte davon, ins Untergeschoß. Es war ein Weg ohne Wiederkehr. Wenig später fand man ihn, tot. Er hatte gewonnen — aber um welchen Preis? Aus dem Spiel war tödlicher Ernst geworden.
Sind solche und ähnliche Spiele — manches Mal geht es ja auch um Trink-Wetten — Zeichen dafür, was wir uns alles leisten können? Oder wissen wir vor lauter Übermut manchmal nicht mehr, wo die Grenzen sind?
Mir fällt dabei ein kleiner Merksatz ein: „Der Mensch ist, was er ißt. Aber *wie* er ißt, entlarvt, was er ist!"
Da ist sicher etwas dran. Nur, danach einen Menschen zu beurteilen, das ist ein zu enger Maßstab. Freilich, man muß sich schon fragen: Was stimmt eigentlich unter uns nicht, wenn solche Dinge vorkommen? Haben wir vergessen, daß wir eine Verantwortung haben gegenüber unserem Körper, der bekommen soll, was er braucht, aber eben in Grenzen. Wissen wir zu wenig über ihn? Und sollten wir uns nicht bemühen, ihn ganz neu und anders kennenzulernen, als lediglich versehen mit einem riesigen Loch, in das einfach hineingeschaufelt wird? Es geht doch auch um den Umgang mit der Nahrung. Keine zehn Flugstunden von uns entfernt, wissen Menschen nicht, wie sie zu einer einzigen Mahlzeit am Tage kommen — und wir machen solche Spiele!

Jedenfalls was die Eß-Sitten betrifft, so haben unsere Vorfahren Ansichten gehabt, an die wir uns heute ruhig wieder einmal erinnern lassen sollten:

„Iß, was dir vorgesetzt wird,
wie ein Mensch
und greif nicht gierig zu,
damit man dich nicht mißachtet.
Um des Anstandes willen höre
du zuerst auf,
und sei kein Vielfraß
damit du keinen Anstoß erregst.
Der Wein zur rechten Zeit
und im rechten Maß getrunken,
erfreut Herz und Seele.
Aber wenn man zuviel davon trinkt,
bringt er Herzeleid ...
Dank für alles dem, der dich geschaffen,
und mit seinen Gütern gesättigt hat."

Aus Sirach 31

So eine Lebenshaltung hat Konsequenzen. Mit Menschen, die sich Gott so hingeben, geschieht Veränderung. Er verwandelt und erneuert sie. Sie sind in einen Prozeß hineinverwickelt, in dem sie nicht immer dieselben bleiben müssen, die sie sind. Darum schreibt der Apostel Paulus: „Verändert euch durch Erneuerung eures Sinnes", oder wie Horst Bannach übersetzt: „stellt euer Denken um ..." (Römer 12)

Freilich, diese Verwandlung mag so anfangen, wie das hier angekündigt wird: „Stellt euch nicht dieser Welt gleich."

Ein Satz, der oft genug mißverstanden worden ist. Wie oft ist darunter jene christliche Hinterwäldlerei versteckt worden, die alles ablehnt, was modern ist: Die Zeit, ihr Tempo, ihr Rhythmus, ihre technischen Errungenschaften. Sollte das damit gemeint sein? Sicher nicht.

„Fragt nicht danach, was die meisten Menschen tun, seht in die andere Richtung und stellt euer Denken um." Das heißt doch: Anpassung um jeden Preis ist nicht gefragt. Gott will nicht, daß wir zu Lebewesen entarten, die auf dem Fließband des Lebens genormt werden. Er will nicht den Menschen, den er einmal als Original geschaffen hat, als Schablone enden lassen. Darum: „Ändert die Richtung eures Lebens, eures Denkens, eurer Interessen, eurer Maßstäbe, auf daß ihr prüfen möget, welches da sei der gute, wohlgefällige und vollkommene Gotteswille."

Wohin einer unterwegs ist, das wird darin erkannt, wie er lebt. Und jene neue Richtung wird sich in den kleinen Alltagswirklichkeiten darstellen, in denen der Alltag zur Verfügung gestellt wird.

Den Willen Gottes tun — auch darüber läßt sich in Gedanken ganz gut nachdenken, aber die Sache sieht ganz anders aus, wenn es um das Alltägliche geht. Der Wille Gottes hat ja nicht mit irgendwelchen Rezepten und Anweisungen zu tun, die man sich hier und da abruft. Woher soll ich ihn erfahren, auf welche Weise ihn ablesen? An dem Christus Gottes, an seiner Verkündigung und seinem Leben ist Gottes vollkommener Wille in Zeit und Welt, in Alltag und Menschsein eingegangen. Seitdem fragen Menschen manches Mal mitten in ihrem Alltag: „Was willst du, Herr, das ich tun soll?", und sie gehen dann im Vertrauen ihren Weg, unbefangen und gelassen, begleitet von dem Wort und dem Geist Jesu.

Solche Haltung ist kein Anlaß, höher von sich zu denken als von anderen. Es klingt fast seelsorgerlich, wie der Apostel Paulus, nachdem er uns in einen weiten und großen Zusammenhang eingeordnet hat, ermahnt: „Daß niemand weiter von sich halte, als sich's gebührt zu halten, sondern daß er

von sich mäßig halte, ein jeglicher, wie Gott ausgeteilt hat das Maß des Glaubens." (Römer 12, 3)
In einer Zeit, in der so viele sich überschätzen — viele andere sich auch unterschätzen —, ist es wichtig, zu erkennen: Wo finde ich eigentlich meinen Platz? Woher bekomme ich das rechte Maß im Verhältnis zum Ganzen? Dabei geht es nicht um irgendeine Mittelmäßigkeit, die einen unauffälligen Charakter auszeichnet, sondern um das Angemessene. Horst Bannach übersetzt: „Strebt nicht höher hinaus, als es euch zusteht. Bemüht euch lieber darum, maßzuhalten. Denn Gott hat jedem ein bestimmtes Maß an Glauben zugeteilt." (Römer 12, 3)
Das heißt doch: Niemand ist hier unbegabt. Keiner kann von sich sagen: ich bin ausgelassen, übersehen worden. Das ist wie eine Warnung an die, die zu hoch von sich denken und die meinen, sich damit anderen gegenüber zum Maßstab des Glaubens machen zu können. Das ist aber auch eine Ermutigung für die, die sich so ganz weit draußen meinen und sich kaum noch zu äußern wagen, weil ihr „vermeintlich kleiner Glaube" keine Sprache mehr hat.
Der Apostel kleidet das Ganze, um nicht mißverstanden zu werden, in ein sehr klares, eindeutiges Bild. Er redet vom Leib der Gemeinde als einem Zusammenspiel der verschiedenen Begabungen des Glaubens. Es ist dann wirklich wie bei einem Leib und seinen Gliedern: Eins braucht das andere, eins kann nicht ohne das andere. Da gibt es keine Elite

und es gibt keine Nachzügler. Da ist es so, wie in den Versen 4—8 in Römer 12 beschrieben wird (nach Horst Bannach):
„Die vielen Glieder, die wir am Körper haben, bilden einen einzigen Leib. Trotzdem haben nicht alle Glieder die gleiche Aufgabe. So sind auch wir, viele Menschen, durch Christus ein Leib. Trotzdem sind wir verschieden wie die Glieder, je nachdem, welche Gaben uns Gott gegeben hat. Wer prophezeien kann, soll nicht mehr sagen, als Gott ihn erkennen läßt. Wem die Fürsorge für die Armen anvertraut ist, der soll sich um die Armen kümmern. Wer lehren kann, soll lehren. Wer andere Menschen im Glauben gewiß machen kann, soll es tun. Wer Spenden geben kann, soll keine Hintergedanken haben. Wer leiten kann, kümmere sich um sein Amt. Wer Menschen helfen kann, soll es mit Freude tun."
Nun kommt alles darauf an, daß wir uns auf den Weg machen.

Ermahnungen sind nicht allzu beliebt heutzutage. Sie waren es vielleicht noch nie; denn immer redet dabei jemand von oben herunter auf einen anderen, der weiter unten ist. Und man möchte zurückfragen: Wie kommt der andere dazu, so mit mir zu reden: Woher weiß er das alles? Wer ist er überhaupt?
Nein, wer heute ermahnend auftritt, vor dem laufen die Leute davon oder sie wehren sich; oft berechtigt. Aber auch dann kann man aus Kritik oder Ermahnungen meistens etwas lernen. Und wenn man hinhört, ist nicht immer nur ein Besserwisser am Werk. Vielleicht handelt es sich um einen Menschen, den eine besondere Verantwortung, eine besondere Einsicht geradezu drängt, Menschen, die um ihn herum leben, auf etwas Entscheidendes hinzuweisen.
Trotzdem, das Wort „Ermahnen" könnte manchen blockieren. Darum gefällt mir, wie Horst Bannach hier übersetzt: „Ich bitte euch, Brüder, denkt daran, wie barmherzig Gott ist." (Römer 12, 1)
Das ist wie eine Unterbrechung des gewohnten Alltagsablaufs. „Denkt daran, wie ..." Schaut doch einmal auf das, wovon ihr lebt. „Erbarmen ist's und weiter nichts ..." Und was müßte jetzt alles aufgezählt werden? Die Zeit, die mir geschenkt ist;

die Gesundheit, aus der ich leben darf, auch wenn sie manchmal nur noch begrenzt ist; Menschen, die mit mir das Leben teilen, und sie tun es nicht auf berechnende, sondern auf freundliche Weise. Und dann die Erfahrung, irgendwann, vielleicht vor Jahrzehnten gemacht, aber unvergessen: Als man ganz am Boden war und alle davongelaufen waren und einen hat es gegeben, der hat sich über einen gebeugt. Der hatte das richtige Wort, die verständnisvolle Geste für uns — unvergeßliche Barmherzigkeit. Und wem hier schon nichts einfällt, wer sollte sich nicht daran erinnern lassen, wie Gott sein Erbarmen für immer in das Gesicht Christi eingezeichnet hat? Seitdem wissen wir: Barmherzigkeit Gottes — das ist seine ganze Zuwendung zu uns heute und immer wieder neu.
Aus dieser Erinnerung ermahnt der Apostel Paulus. Aus dieser Erfahrung motiviert er uns für das, was ihm am Herzen liegt: „Daß ihr eure Leiber gebet zum Opfer, das da lebendig, heilig und Gott wohlgefällig sei." (Römer 12, 1)
Erfahrene Barmherzigkeit also, die unser Handeln zu Hingabe und Bereitschaft motivieren möchte. Horst Bannach übersetzt hier: „Stellt euch Gott auch in eurem Alltag ganz zur Verfügung. Das ist das neue heilige Opfer, das zum Leben gehört und das Gott gefällt."
Leib, das ist der ganze Mensch. Da wird nichts auseinanderdividiert. Denn daß wir manchmal große Gedanken über Gott haben, und daß wir uns hinter-

her gut fühlen — das macht es noch nicht. Leib, das ist etwas ganz Handfestes, Konkretes. Da fallen Entscheidungen, da packt jemand an. Darum kann einmal ein berühmter Mann sagen: „Leiblichkeit ist das Ende aller Wege Gottes."

Mit diesem Leib also, den wir haben, der wir sind, der seine Biographie hat — sollen wir Gott zur Verfügung stehen. „Das ist das neue, heilige Opfer, das zum Leben gehört."

Man möchte den Apostel Paulus fragen: Opfer, ist das nicht zu hoch gedacht und zuviel erwartet? Opfer — das ist doch ganze Hingabe. Ja, vielleicht sind wir bereit, ein Stück unserer Zeit zu opfern oder etwas von unserem Geld oder auch ein paar Jahre unseres Lebens. Aber Paulus weicht von seiner Ermahnung nicht ab. So als wollte er uns daran erinnern, darüber nachzudenken, wem wir wirklich gehören. Und das heißt doch, das Leben aus der eigenen Verfügung herausnehmen und es Gott, dem wirklichen Eigentümer zur Verfügung stellen.

Wie man das macht? Vielleicht so, daß man alles, was zum eigenen Leben gehört, auf Gott bezieht: die Arbeit, die Freude, die Sorgen, die Krankheiten, die Menschen. So wie Gräser und Blumen sich nach der Sonne ausrichten, so richten sich Menschen, die diese Einsicht haben, nach Gott aus. Und sie tun das in jener Beständigkeit, die nicht vergißt: „Weil uns denn Barmherzigkeit widerfahren ist, werden wir nicht müde."

DER KLUGE MANN BAUT VOR

Was immer man darunter auch verstehen mag, ich möchte diese kleine Sentenz in einem anderen Zusammenhang vortragen.
Jesus sagt einmal: „Wer mich hört, und tut das, was ich sage, der gleicht einem klugen Mann, der sein Haus auf dem Felsen baut."
Ist das die Klugheit, die unter uns gilt? Seien wir doch mal ehrlich: Was gilt als kluges Verhalten, wenn wir uns umhören. Das ist die Suche nach einem festen Grund, in dem ein Mensch verankert sein muß, so daß er Bestand hat, in allem, was auf ihn zukommt. Nein. Die Frage, was ist für Sie tragfähiger Grund, wenn das Vordergründige, das Oberflächliche wegfällt, wird oft gar nicht verstanden. Als klug, verständig, gilt heute derjenige, der sein Leben sichert durch Verträge, durch Garantien, durch Ideologie, durch Immobilien und Lebensversicherungen. Klug ist darüber hinaus jemand, der sich anzupassen versteht. Das jedenfalls ist weithin gefragt.
Die Klugheit, von der Jesus redet, zielt auf einen anderen Zusammenhang. Auf den Fels bauen, ist ein Blick für Hören und Tun. Und wer nicht hört

und nicht tut, dessen Leben wird mit einem törichten Mann verglichen, der sein Haus auf Sand baut. Aber wer wird schon so dumm sein und auf Sand bauen? lautet unser überlegener Einwand.
Es verschlägt uns die Sprache, wenn wir entdecken, wen Jesus meint. Zum Beispiel gerade solche Leute, die meinen, wenn sie große christliche Gedanken gekonnt formuliert haben, dann hätten sie damit auch die Sache selbst schon geklärt.
Nein, sein Wort zielt auf konkretes Leben, es gilt die Probe aufs Exempel zu machen. Wer Jesus nicht hinterhergeht, der weiß auch nicht, wer er ist. Wer die Wahrheit seiner Verkündigung erproben will, muß sie ausprobieren.
Jesus jedenfalls nennt den klug, der sein Wort in sein Leben aufnimmt. Freilich, was immer wir auch aus seiner Lebensordnung herausgreifen, die da in der Bergpredigt steht, aus der unser Text genommen ist, dem wird widersprochen werden. Diese Forderungen sollen wir erfüllen? Das ist doch alles utopisch! Das scheitert doch an der Realität! Auch aus Angst fragen wir: Ist es denn wirklich gut, sich zu denen zu stellen, die eine bessere Gerechtigkeit in diese Welt der Ungerechtigkeit bringen wollen? Ist man wirklich gut dran, wenn man sich auf die Seite der Leidenden, der Friedensmacher, der Sanftmütigen stellt? Sind das nicht alles Aufforderungen, das stützende Gehäuse, das tragende Fundament, auf dem wir uns einigermaßen sicher fühlen, zu verlassen? Ja, gewiß sind sie das. Aber die Auf-

forderungen sind zugleich die Möglichkeit, Anteil zu bekommen an dem Leben, das wirklich Bestand hat, zu einem lebendigen Leben, in dem verkehrte und entfremdete Beziehungen unter uns wieder zurechtgebracht und heilende Kräfte freigesetzt werden im großen wie im kleinen.

Jesus hat uns gezeigt, Gott steht nicht am Rand menschlicher Möglichkeit, sondern mitten im Leben, und darum gehört sein Wort in den Rhythmus dieses Lebens hinein.

Wieviele Möglichkeiten also, mitzubauen am Haus der Menschheit auf jenem Grund, der trägt und verläßlich ist. Von dem der Apostel Paulus einmal sagt: „Einen anderen Grund kann niemand legen, außer dem, der gelegt ist, welcher ist Jesus Christus." (1. Korinther 3, 11)

Der kluge Mann baut vor. Gehört da nicht auch mit hinein, daß man fragt: Unter wem? Und: in wessen Namen bauen wir vor?

WERFET EUER VERTRAUEN NICHT WEG

Es ist nicht zu leugnen, daß wir seit einiger Zeit vor einer Flut schlechter politischer und wirtschaftlicher Nachrichten stehen. Die unsichere Wirtschaftslage, das Wettrüsten, die fortschreitende Umweltverschmutzung, die düsteren Prophezeiungen von Ernährungsexperten, Energiefachleuten — von allen Seiten dringen schlechte Nachrichten auf uns ein.
Und mancher unter Ihnen kennt dieses Problem ja noch sehr viel persönlicher: Müssen wir Alten um einen gesicherten Lebensabend ohne materielle Not bangen? Müssen wir Jungen uns vor einer ungewissen Zukunft fürchten?
Tatsächlich, die Zahl der Ängstlichen, der Zweifler nimmt zu. Plötzlich geht es nicht mehr nach der langverbreiteten Devise: Immer schneller, immer höher, immer reicher ...
Und dem Stichwort, das uns lange geläufig war, von der „Wachstumsrate", scheint die Luft auszugehen. Aber diese Zeit eines gewissen Umbruchs, in der wir leben, sollte man nicht nur unter dem

Zeichen von Verlusten sehen. Es könnte ja auch sein, daß sie uns dazu bringt, neue Lebensweisen zu gewinnen und einen neuen Lebensstil zu finden. Ja, man kann gerade von Chancen einer neuen Wachstumsphase reden, die freilich anders zu verstehen ist als üblich. Es geht dabei um ein Wachstum nach innen. Und hier haben wir ja alle unseren Nachholbedarf. Wie war das denn bisher?

Der Psychiater V. E. Frankel schreibt über uns: „Im Gegensatz zum Tier sagen dem Menschen keine Instinkte mehr, was er tun muß. Und im Gegensatz zum Menschen von Gestern sagen dem Menschen von Heute keine Traditionen mehr, was er tun soll. Nun, weder wissend, was er tun muß, noch wissend, was er tun soll, scheint er oftmals nicht mehr recht zu wissen, was er im Grunde will."

Und Max Frisch hat von der „fidelen Resignation" als einem Kennwort unserer Zeit gesprochen. Haben beide nicht sehr gut beschrieben, wie es um uns steht? Und was folgern wir daraus? Einfach nur Verlust, der sich dann niederschlägt in einem resignativen Dasein?

Es könnte ja auch Anlaß für etwas anderes sein. Zum Beispiel für ein neues Verständnis vom Leben. Es könnte unter dem biblischen Satz stehen: „Werft euer Vertrauen nicht weg." (Hebräer 10, 35) Vertrauen öffnet einen Raum der Freiheit, der Verläßlichkeit, der dem Leben Sinn gibt, Substanz.

Aber was nutzen alle Begriffsbestimmungen, wenn wir nicht mehr wissen, worauf und auf wen hin wir vertrauen sollen? Es ist in diesen Jahrzehnten das Wort vom Urvertrauen geprägt worden. Was damit gemeint ist? Es ist jemand da, ohne den können wir nicht leben. Es geht um nichts weniger als um Gottvertrauen, das sich dann auch äußert im Vertrauen zum Dasein.

Vielleicht haben wir es kaum gebraucht in den Jahren, wo es uns sehr gut ging. Und es kommt jetzt ganz neu wieder in Sicht, was es meint und wie es uns in eine neue Lebensform einweist.

Müssen wir da nicht einmal von Erinnerungen sprechen und sie wachrufen gegen alle Enttäuschung und Resignation? Wie war das denn in Zeiten, wo es bei uns ziemlich trist zuging? Da haben manche unter uns aus Gottvertrauen gelebt, Tag um Tag. Und überlebt. Und es gibt Kinder, die inzwischen Erwachsene sind, die dem Vertrauensklima in ihrer Familie sehr viel verdanken, bis auf diesen Tag, auch wenn sie das heute oft nicht mehr wissen oder wahrhaben wollen.

Und nun? Ist dieses Vertrauen, das einst Schwung und Hoffnung gab, ferngerückt, unwirklich, unglaubwürdig geworden?

Aber vergessen wir die Mahnung nicht: Werft euer Vertrauen nicht weg — jene durchhaltende Kraft, die einen langen Atem der Zuversicht und Entschlossenheit zum Handeln gibt.

„Werft euer Vertrauen nicht weg, welches eine große Belohnung hat." Belohnung? Ja, daß Gewißheit und Freude, die uns einmal ganz selbstver-

ständlich waren, wieder zur Wirklichkeit und zur Gegenwart werden.
Wer vertraut, der steht nicht mit leeren Händen da, der weiß, woran er sich festhält, der weiß, auf welchen beständigen Boden er tritt. Er weiß das aus der Gewißheit: „Nichts kann uns scheiden von der Liebe Gottes, die in Christus sichtbar geworden ist." (Römer 8, 37)
Darum, was immer für Zeiten uns umgeben, welche Nachrichten uns treffen, wieviele Veränderungen um uns herum passieren: Werft euer Vertrauen nicht weg, das eine große Belohnung hat.
Das ist ein Satz für Ängstliche und für Entmutigte. Das ist eine Wegleitung in einen Tag hinein, der vieles für uns bereit hält, und das ist Beschreibung eines Lebens, in dem man Gott zutraut: Er ist gegenwärtig.

Wie ist das eigentlich, wenn Sie daran denken, daß Sie selbst ein Kind gewesen sind? Haben Sie dazu noch Beziehung, können Sie das auf irgendeine Weise wachhalten, wie Sie einmal waren?
Ich denke daran, daß die Phantasie unserer Kinder uns manchmal daran erinnert, daß wir auch einmal solche Kinder waren. Oft haben wir das vergessen vor lauter Weiterkommenwollen und Erwachsensein müssen. Aber wird man nicht ab und zu daran erinnert, wie es auch sein könnte? Dabei hätten wir es vielleicht ganz gern und haben in irgendeinem Winkel unsres Herzens verborgen eine Sehnsucht danach, noch ein wenig zu sein wie ein Kind. Vielleicht waren wir früher auch so wie die 15jährige Verika aus Jugoslawien, die in einem sehr hübschen Buch: „Ich möchte auf einer Wolke segeln – Kinderwünsche aus 48 Ländern der Welt" – schrieb:
„Von ganzem Herzen wünsche ich, Sonnenstrahl zu sein und über aller Menschen Haare liebkosend zu gleiten; Wind zu sein, und ans Ende der Welt zu gelangen. Ich wünsche mir, Tag zu sein und ewige Freude zu bescheren, Knospe einer noch nicht erblühten Rose mit dem betörenden Duft. Von ganzem Herzen möchte ich endloser Himmel sein und in mir vereinigt alles Lächeln der Welt."

Geht einem da nicht das Herz auf schon am frühen Morgen? Und meinen Sie nicht, daß Ihre Tochter, Ihr Sohn auch manchmal so vor sich hindenken und träumen und dichten?

Und wir wissen das gar nicht von ihnen, weil wir zu wenig Zeit haben für sie. Sie würden manchmal ganz gerne erzählen, was sie bewegt. Nein, wir haben es eher mit der Strenge und mit dem Ernst des Lebens und mit der Sachlichkeit — und diese Sachlichkeit, die lassen wir viel zu sehr triumphieren bis dorthin, daß sie in einer Geburtsanzeige durchschlägt, in der es heißt:

„Neuzulassung. Typ: Tochter. Typenbezeichnung: Andrea Dolores. Klasse: 54 cm. Gesamtgewicht: 3150 g. Entwicklungszeit: 9 Monate. Lautstärke: ca. 80 Phon. Abgase: Absolut umweltfreundlich. Zulassung: 31. März, 9.15 Uhr. Standort: Krankenhaus N. Hersteller: M. und K. Herstellungsort: N ... Sonderentwicklung für Milch- und Luftgemisch: Super."

Das klingt ja vielleicht im ersten Augenblick ganz schön lustig, und vielleicht sagt man auch: Mal etwas anderes, aber wenn man darüber nachdenkt, dann ist der Vergleich zwischen der Geburt eines Kindes und der Herstellung eines Autos erschrekkend.

Wenn man vergleicht, was wir technisch herstellen, dann kann man wohl darauf kommen, die Welt einzuteilen nach solchen technischen Maßen; wir sollten aber begreifen, daß ein Kind nicht nach solchen

Maßen zu messen ist. Da hatten jene Eltern sich mehr Gedanken gemacht, deren Geburtsanzeige ich einmal erhielt und in der es heißt:

„Gestern war die Wiege still
heute darf sie schwanken.
Wer von Gott ein Kindlein will
muß ihm täglich danken.
Täglich danken, weil wir sind
selbst vor Gott ein kleines Kind
in der Wiege Schranken.

Gestern war die Wiege kalt
heut' darf zu erwarmen.
Neuer Mensch nach Gott gestalt'
liegt in Mutterarmen.
Schönes Kindlein, neuer Christ
weißt du, was das Leben ist:
Liebe und Erbarmen!"

Liebe und Erbarmen — wenn wir das unseren Kindern weitergeben ... Wenn sie das bei uns Eltern lernen würden: Liebe und Erbarmen, das wäre etwas ganz Neues, und zugleich Ewig-Altes, was unsere Kinder in die Zukunft der Welt mitbrächten. Eine Grundeinstellung, die vielen zugute käme — denn unsere Kinder werden ja irgendwann das Morgen und damit auch Menschen von Morgen mitlenken. Und was immer sie tun mögen, es ist wichtig, daß ihre Grundhaltung durch Liebe und Erbarmen geprägt ist.

Ich möchte mich hier an ein Thema heranwagen, das wir oft lieber übergehen. Von den Alten unter uns möchte ich reden. Und ich möchte mich gerade an Sie, an die älteren Leser, richten und Ihnen Mut zum Altwerden, zum Altsein machen.

Ich weiß nicht, ob Sie die kleine Geschichte von der Altweibermühle in Apolda kennen. Dort wurden alte Frauen sozusagen wieder jung gemacht. Aber ein Haken war dabei. Man mußte sich verpflichten, alle die Torheiten noch einmal zu machen, genau in derselben Reihenfolge, wie man sie bisher begangen hatte.

Als eine alte Frau davon erfuhr, sagte sie: „Aber dann lohnt es sich ja gar nicht, sich ummahlen zu lassen" — und kehrte wieder um. Eine kleine Geschichte, mit einem großen Thema. Hat sie nicht recht, die alte Frau?

Wenn man im Alter Würde, Gelassenheit, Reife, Güte, Weisheit, Humor, Menschenkenntnis, Erfahrung erreicht hat, wie sollte man das alles aufgeben? Freilich, Mut gehört schon dazu, sich selbst anzunehmen, so wie man jetzt ist. Mancher weicht ja aus. Am besten, man denkt gar nicht daran. Das Altwerden und Altsein kommt früh genug — von allein. Und mancher verwendet alle Energie auf das Jungbleiben, anstatt sie auf den Mut zum Altwerden

zu verlegen und damit auf die Gaben und Aufgaben zu achten, die Gott einem gewähren will. Zum Beispiel, daß man es jetzt besser versteht, dieses Wort: „Ich will euch tragen, so spricht der Herr, bis ins Alter und bis ihr grau werdet. Ich will es tun. Ich will heben und tragen und erretten."
So steht es tatsächlich da. Gott will uns tragen bis wir grau werden, und das heißt doch, er will Ausdauer geben, Atem zum Durchhalten. Wer sollte das besser verstehen als der Mensch, der weiß, wie verbraucht er ist.
Das macht einem jeder Tag deutlich, wie begrenzt die Zahl der Schritte und wie eng bemessen der Lebensraum für die meisten ist.
Aber wer hier neue Kraft gewinnt, der bekommt auch neue Aufgaben. Und man entdeckt: Was mir widerfahren ist, kann ich an andere weitergeben. Ja, es ist dies Ihre große Rolle sozusagen, liebe, verehrte ältere Leser, die Sie im Alter nun spielen sollen, andere tragen, die Jungen, die Kinder, die Nochälteren, die Nocheinsameren. Natürlich, es mag sein, daß man Ihnen nicht mehr irgendwelche Leistungen nachweisen kann, aber Trost ist mehr als Sieg, und Liebe ist mehr als Gewinn, und Mitmenschlichkeit ist mehr als Macht. Und gerade dies alles, Trost, Liebe, Mitmenschlichkeit, was in der Erfahrung Ihres Lebens schwer wiegt, das ist das, was Sie weitergeben können.
Versteht man von hier aus nicht ein Wort wie: „Auch dich lockt er aus dem Rachen der Angst und

stellt dich auf weiten Raum, da keine Bedrängnis mehr ist."? (Hiob 36, 16)
Weiter Raum, in dem nun möglich wird, was Otto von Taube einmal gesagt hat:

Fülle mich, damit ich gebe,
da ich nichts zu geben hab.
Alles nur ist deine Gabe,
fülle mich, damit ich gebe,
denn ein Leben ohne Geben
ist kein Leben, ist Verarmen.
Du hast Wärme zum Erbarmen.

Du erfüllst jede Bitte und gibst, um was wir bitten, oder gibst weit Besseres, als was wir erbitten. So gib du denn jedem seinen ihm zugewiesenen Teil; wie es dir wohlgefällt.
Aber gib du auch einem jeden die Überzeugung, daß alles von dir kommt, damit nicht die Freude uns von dir reiße in der Vergessenheit der Lust, damit nicht das Leid die Scheidewand setze zwischen dich und uns; sondern daß wir in der Freude hinsuchen zu dir und im Leide bei dir bleiben, damit, wenn unsere Tage einst gezählt und der äußere Mensch verdorben ist, der Tod nicht kalt und furchtbar in seinem eigenen Namen komme, sondern mild und freundlich mit Gruß und Botschaft, mit Zeugnis von dir, unserm Vater, der du im Himmel bist!
Sören Kierkegaard

MAN SIEHT NUR MIT DEM HERZEN GUT

Im Grunde haben sie nichts miteinander zu tun, und doch bringen wir sie oft miteinander in Zusammenhang: das Auge und das Herz. Wir sagen von jemand: „Hat der aber einen herzlosen Blick!" und wollen damit ausdrücken, daß ihm etwas Entscheidendes fehlt. Manchmal sagen das andere auch von uns. Zum Beispiel, wenn wir einen Menschen nur nach seinem Arbeitswert oder nach seinem Prestigewert, den er für uns hat, taxieren. Es ist jedenfalls ein Blick, der den Mitmenschen zum Objekt macht. Das kann auch so aussehen, daß ich jemanden so anschaue, als gäbe ich ihm dabei zu verstehen: „Dich kenne ich ganz genau. Von dir erwarte ich nichts mehr. Du bist eine Enttäuschung und bleibst eine!" Das gibt es doch, daß man sich so gegenübersitzt, daß man sich anschaut, und die Augen verraten alles. Und der so Angesehene wird verwirrt. Er wird traurig, weil er in den Augen des Gegenübers nichts mehr liest von einer Chance, die ihm noch bleibt.

Ja, es ist so eine Sache mit dem herzlosen Blick. Ob es nicht auch die andere Möglichkeit gibt? Der Dichter Saint-Exupéry kennzeichnet sie einmal mit dem Satz: „Man sieht nur mit dem Herzen gut!" Was ist das für ein Augenmaß? Hier ist es nicht die Genauigkeit, die einfach nur registiert. „Man sieht nur mit dem Herzen gut" — das ist wie ein Blick, aus dem der andere noch Verständnis, Geduld herauslesen kann, und auch ein bißchen das Staunen und die Neugier, die auf Überraschungen, auf positive Überraschungen hofft.

„Man sieht nur mit dem Herzen gut!" Wir werden es immer wieder mit Menschen zu tun haben, die uns nicht liegen. Vielleicht, weil sie vieles falsch machen, vielleicht, weil sie uns unsympathisch sind. Was könnte es nun bedeuten, sie mit dem Herzen anzusehen? Eben, daß man sie im Zusammenhang ihres Lebens versteht, sie auf das hin anschaut, worunter sie leiden, und nicht nach dem beurteilt, womit sie angeben.

„Man sieht nur mit dem Herzen gut!" Ich könnte auch sagen: Wirklich erkennen kann ich einen Menschen nur dann, wenn ich ihn liebe. Wenn wir doch so aufeinander zugehen könnten, nicht fertig in unseren Urteilen, sondern auf der Suche, uns zu verstehen. Und dazu gehört, daß ich mir Gedanken mache: Woher kommt der, mit dem ich so schlecht auskomme? Was hat ihn zu dem gemacht, der er ist? Welche Menschen sind um ihn herum? Welche Situationen haben ihn verführt, haben ihn mißtrauisch gemacht? Das alles kann gegenwärtig sein, wo einer den anderen mit dem Herzen ansieht.

MEMENTO MORI

In einer alten Geschichte aus Insulinde wird von einem Mädchen Hinuwele berichtet, das von den Menschen getötet wurde. Zur Strafe mußte jeder Mensch ein Tor durchschreiten. Wer durch dieses Tor des Todes ging, blieb Mensch. Die anderen, die nicht hindurchgingen, wurden zu Tieren oder Dämonen.
Diese kleine Geschichte will an etwas erinnern, was wir nur zu gern vergessen möchten: daß Tod und Leben zusammengehören; daß der, der sich seines Todes bewußt ist, auch sein Leben bewußt führt. Wir wollen das nicht wahrhaben. Aber der Tod läßt sich nicht verschweigen. Aus dem Bewußtsein verdrängt, meldet er sich aus dem Unterbewußtsein als Angst und Sorge, als hoffnungsloses, aussichtsloses Leben, als pessimistische Lebensanschauung. Ob es die Menschen früher leichter hatten? Von den Mönchen des Trappistenordens wird erzählt, daß der einzige Gruß, den sie sich zuriefen, wenn sie sich in den Klostermauern begegneten, das „Memento mori" — „Gedenke des Todes!" war.
Wir leben nicht hinter Klostermauern. Ist also auch der Anruf weggefallen? Oder hat er nur den Ton gewechselt? Wir hören ihn heraus aus dem gellenden Heulen der Unfallsirenen. Er erinnert uns daran, daß wir eingekreist sind. Nirgends wird das

deutlicher als dort, wo uns das „Memento mori“ mitten im Alltag trifft. Natürlich, wir wehren uns und führen einen geradezu erbitterten Kampf gegen diesen Anruf: von der Feuerwehr bis zur Sauna, vom Vollkornbrot bis zum Penicillin, von den Verkehrsregeln bis zur Kosmetik. Aber es gibt kein Entrinnen, kein Untertauchen. Der Tod bleibt uns auf den Fersen. Ja mehr noch, er greift uns nach dem Leben. Plötzlich erkennen wir: „Der Tod ist groß, und wir sind die Seinen, lachenden Munds, wenn wir uns mitten im Leben meinen, wagt er zu weinen, mitten in uns.“

Ist das alles — diese Einsicht, die der Mensch als eine große Aufgabe, ja die größte, die er hat, bewältigen muß?

In dem Film „Lohn der Angst“ wird dargestellt, wie einige Männer als Nitroglyzerin-Fahrer ihr Geld verdienen. Ein gefährlicher Beruf. Bei einem Hindernis wird auf einer Fahrt der eine von ihnen, Jo, verletzt. Die Wunde infiziert sich, sterbend liegt er im Wagen. Seine Gedanken wandern in seine Heimatstadt Paris zurück, wo auch Mario, sein Beifahrer, aufgewachsen ist. Da ist ein Zaun, der den Sterbenden sehr beschäftigt. Als kleiner Junge wollte er schon so gerne wissen, was hinter dem Zaun war. Aber er erfuhr es nicht. Er hatte die Vorstellung, dahinter müsse etwas Wunderschönes sein, und er meint es auch heute noch. Er hofft es. Denn der Zaun ist nun für ihn die Wand, die ihn — ja, wovon trennt? Vom Jenseits? Vom großen

Nichts? Vom Himmel? Der Sterbende weiß: Bald wird er auf der anderen Seite des Zaunes stehen. Darum will er wissen, was ihn dort erwartet.
Was soll man dazu sagen? Mancher wird antworten: „Man muß eben glauben!" Aber Glaube ist kein erhöhter Platz, von dem aus man hinüberschauen könnte. Und doch — fertig werden mit der Frage nach dem „Danach" wird man nur, wenn man weiß, daß der Tod nicht das Letzte ist.
Die Lösung dieser Frage nach dem Sterben, nach dem Tod, ist in der Geschichte einmal anschaulich geworden: in Christus, der den Tod überwand. Hier werden Grenzen fließend, Zäune durchlässig, Todsicheres kommt in Bewegung. Hier gilt nicht mehr das Gesetz unserer Erfahrungswelt, daß alles dem Ende zugeht und mit seinem Ende aufhört. Hier ist eine Welt avisiert, in der das Gesetz vom Zu-Ende-Gehen aller Dinge aufgehoben wird. Denn Jesus kam in die Welt, um in dieser Sache Zuversicht unter uns zu tragen. Der Zaun des Todes ist durchlässig geworden. Denn Gott ist so wie dieser Mann Christus, und unsere Zukunft ist so wie seine Hilfe.

VIEL GLÜCK!

Es war bei einer Taufe in der Kirche. Strahlend ging einer der Gottesdienstbesucher nach der Taufe auf die Eltern zu und sagte: „Ich wünsche Ihnen viel ..." — dann stockte er und fuhr fort: „Ich wünsche Ihnen Gottes Segen!" Eigentlich wollte er sagen: „Ich wünsche Ihnen viel Glück!" Aber dann hat er es doch nicht gesagt. Offenbar empfand er das als unangemessen: Kirche und Glück. Die gehören doch nicht zusammen!

Aber ist das so sicher? Warum stocken wir eigentlich weithin bei dem Wort „Glück"? Meinen wir, es sei nicht fromm genug? Es sei weltlich, ja sogar heidnisch? Meinen wir: Ein Christ soll und darf demütig, liebevoll und opferbereit sein, aber nicht glücklich? Die Bibel ist da viel unbedenklicher und auch mutiger als wir. Sie sagt von uns, daß wir ein Leben voll tiefsten Glücks und Seligkeit führen sollen, daß wir gute Tage haben sollen, ja, daß Gott uns geben will, was sich unser Herz wünscht.

Offenbar liegt unser Glück Gott viel mehr am Herzen, als wir meinen. Er will gar nicht, daß wir unglücklich sind. Er weiß wohl, daß uns vieles im Leben begegnen wird, womit wir nicht fertig werden. Und er weiß auch, daß wir Anstrengungen machen, um uns davon zu befreien. Eins will er allerdings verhindern: daß wir unser Glück an der falschen Stelle suchen.

Wie hier der richtige Zusammenhang gewahrt wird, macht ein Satz aus der Josephsgeschichte deutlich: „Der Herr war mit Joseph, daß er ein glücklicher Mensch ward." Und nun brauchen wir an die Stelle des Namens Joseph nur einmal unseren Namen zu setzen — um diesen Zusammenhang geht es. Es mag sein, daß hier einige protestieren und einwenden, Gott habe größere Dinge mit uns vor, als für unser Wohlergehen zu sorgen. Aber warum wollen wir geistlicher sein als Gott selbst? Warum sollen wir immer von Kampf, Entsagung, Leiden und Kreuz reden und darüber vergessen, daß die Bibel auch von dem Glück derer reden kann, die sich an Gott halten? „Und der Herr war mit Joseph, daß er ein glücklicher Mensch ward!"
Sollte unser Herz zu eng sein, um diese ganze Freundlichkeit Gottes zu erfassen? Hat unser christliches Leben vielleicht darum so wenig anziehende Kraft, weil wir mit dem Glück, das Gott uns gewährt, nicht umgehen können? Wissen wir nicht mehr so recht, wo wir Freude und Glück in unserem Christenleben einordnen sollen? Da stimmt doch etwas nicht. Die Bibel jedenfalls sagt: „Der Herr war mit Joseph, daß er ein glücklicher Mensch ward."
Wenn wir heute einen glücklichen Tag haben — vielleicht denken wir dann einmal an diesen Zusammenhang.

Ausländer haben es unter uns nicht leicht. Es gibt mancherlei abwertende Beurteilung, in denen aus einzelnen Erfahrungen pauschale Ablehnung geworden ist. Nur allzu gern läßt man sich in seinen Vorurteilen bestärken. Die Italiener sind alle ... und die Griechen sind alle ... die Türken ... Ich setze jetzt bewußt kein Eigenschaftswort ein, um den Vorurteilen nicht noch mehr Gelegenheit zu geben, sich auszubreiten. Wir haben uns fast ein bißchen daran gewöhnt, immer, wenn irgendwo etwas nicht klappt, die Gastarbeiter verantwortlich zu machen. Wir mögen nicht, wenn sie in den großen Bahnhofsvorhallen in Gruppen, oft wild gestikulierend, herumstehen. Und es ist noch vieles, was man jetzt aufzählen könnte. Aber — wir haben sie gerufen. Sie sind in unserem Land. Als was? Als Arbeitskraft? Als Fremdarbeiter? Dieser Ausdruck ist sehr bezeichnend. Nein, vor allen sind sie Menschen, Menschen in einer fremden, abwehrbereiten Welt.

Vielleicht verstehen wir sie besser, wenn wir uns erinnern, wie das bei uns nach dem Kriege war. Wie viele unter uns waren da auch fremd in einer feindseligen Umwelt; als Gefangene, als Flüchtlinge. Und was hat einem geholfen? Wenn man überraschend angeredet wurde, eine Zigarette angeboten

bekam! Oder wenn einer mit einigen Brocken der Sprache, in der man groß geworden war, geradebrecht hat. Das war wie ein Aufatmen. Plötzlich gab es menschliche Nähe.
So müßten wir ja eigentlich wissen, wie es Fremdlingen zumute ist, und uns entsprechend verhalten. Viele unter uns machen Urlaub in Italien, Griechenland, Spanien. Sie kommen mit diesem oder jenem Sprachbrocken zurück. In der Ferne hat man ihn gern angewandt. Warum sind wir hier so sparsam damit? Ein paar heimatliche Worte für einen der Fremden unter uns — sie schaffen oft eine menschliche Nähe, die ihn beglücken und manches vergessen lassen können.
Was wir tun können ist immer mehr als das, was wir getan haben. Denn wir werden der Frage, die Gott uns gerade in diesem Zusammenhang stellt, nie entgehen: Wo ist dein Bruder Abel? Ich erinnere mich an ein bezeichnendes afrikanisches Gleichnis: Als Gott dem Kain diese Frage stellte, erblaßte er. Seitdem gibt es den Weißen.
Wir haben im Umgang mit Gastarbeitern, mit farbigen Studenten und Praktikanten, die auf Zimmersuche sind, und noch bei vielen anderen Begegnungen Gelegenheit, zu zeigen, daß es anders ist.

EWIGKEIT – GOTTES ZEIT FÜR UNS

Zu Beginn eine kleine Rätselfrage: Gesucht wird ein ziemlich wichtiges Wort, das uns immer wieder im biblischen und auch im Lebenszusammenhang begegnet.
Manchmal äußert sich das, was dieses Wort beschreibt, als Unruhe. Da haben wir viel erreicht, viele Wünsche sind uns in Erfüllung gegangen und trotzdem, die Unruhe bleibt. Oder es äußert sich im Suchen nach etwas ganz Bestimmtem, etwas, was nicht mit Erfolg und mit Geld und mit Beziehung und dergleichen zu bekommen ist. Manchmal drückt es sich aus in dem Gefühl „es gibt was Besseres in der Welt als all ihr Schmerz und Lust", wie es bei Claudius heißt. Und bei einigen deutet es sich darin an, daß sie einfach nicht zufrieden sind mit dem, was ist und was sie haben.
Ja und worum geht es, um welches Stichwort? Nach einem Vers aus dem Prediger Salomo hat Gott jedem von uns daran einen Anteil gegeben. Das Stichwort heißt: Ewigkeit. Und jener Satz lautet:

„Gott hat den Menschen die Ewigkeit ins Herz gelegt." (Prediger 3, 11)
Um es noch einmal persönlich aufzunehmen: Gott hat jedem von uns Ewigkeit ins Herz gelegt. Wie sie sich manchmal in uns andeuten kann, das haben wir ein wenig durch die Rätselfragen angestoßen. Aber sicher wird mancher fragen: Ewigkeit — das ist mir ein zu wenig griffiges Wort. Wo hat das denn seinen alltagsbezogenen Ausdruck?
Gott hat uns Ewigkeit ins Herz gelegt, zum Beispiel in der Gestalt der Hoffnung, die wir haben. Etwa so, wie das in einem Vers von Friedrich Schiller geschrieben ist:

„Es ist kein leerer schmeichelnder Wahn,
erzeugt im Gehirn des Toren.
Im Herzen kündet es laut sich an,
zu was Besserem sind wir geboren.
Und was die innere Stimme spricht,
das täuscht die hoffende Seele nicht."

Vielleicht ist es sogar wahr, daß man uns an unseren Hoffnungen erkennen kann. Oder daran, wie wir mit ihnen umgehen. Daran, wie wir anderen Menschen Hoffnung machen. Und das wäre doch wie ein Signal, das man anderen gibt: Du, Gott hat in dein Herz auch Ewigkeit gelegt.
Aber geben wir uns gegenseitig noch solche Signale, und wenn wir das tun, verstehen wir einander noch so? Hat unter uns nicht eher etwas von jenem illusionslosen Wirklichkeitsverständnis um sich gegrif-

fen, das über das Leben insgesamt schreiben möchte: „Laßt, die ihr eingeht, jede Hoffnung fahren?" Das sieht dann so aus, daß man mit Bert Brecht erklärt: „Über der Welt sind die Wolken, sie gehören zur Welt. Über den Wolken ist nichts."
Und nichts — das bedeutet: Nichts woraufhin zu hoffen sinnvoll wäre. Und wo einst Glaube, Liebe, Hoffnung wohnten, haben sich Klage, Sorge und Angst eingenistet.
Wie ist das? Ist das, was Gott uns da ins Herz gelegt hat, gestorben? Ist die Hoffnung tot? Ist das, was wir jetzt da noch leben, nur noch ein zu Ende gehen?
Wir mögen uns manches Mal in solch einem Bild wiedererkennen. Aber vergessen wir nicht die Hoffnung. In ihr riskieren wir immer erneut einen Entwurf unseres Lebens, gegen allen Augenschein. Mit dieser Hoffnung beschreiben wir, was Ingeborg Bachmann in einem ihrer Romane in Worte faßt:
„Ein Tag wird kommen, an dem die Menschen die Schönheit sehen, sie werden vom Schmutz befreit sein und von jeder Last. Ein Tag wird kommen, sie werden frei sein, es werden alle Menschen frei sein, auch von der Freiheit, die sie gemeint haben. Es wird eine größere Freiheit sein, sie wird über die Maßen sein, sie wird für ein ganzes Leben sein.
Ein Tag wird kommen, an dem unsere Häuser fallen, die Autos werden zu Schrott geworden sein, von den Flugzeugen und Raketen werden wir befreit sein, den Verzicht leisten auf die Erfindung des

Rades und der Kernspaltung, der frische Wind wird niederkommen von den blauen Hügeln und unsere Brust weiten, wir werden tot sein und atmen, es wird das ganze Leben sein. Wir werden aufhören zu denken und zu leiden, es wird die Erlösung sein."
Haben wir solche Gedanken nicht auch schon gedacht, ganz tief drin, dort, wohin uns Gott Ewigkeit ins Herz gelegt hat. Da, wo man sich freut auf eine Zukunft, in der man nicht mehr der sein wird, der man im Augenblick ist.

Wir sind auf Veränderung angelegt, Das Gleichgültige an uns, das Überhebliche, die Leiden und das, was uns ständig von uns selbst entfremdet, das hat alles nicht das letzte Wort — sondern: „Es kommt die Zeit, da unsere Träume sich erfüllen: Wenn Friede und Freude und Gerechtigkeit die Kreatur erlöst — dann gehen Gott und die Menschen Hand in Hand."

INHALT

Dietrich Bonhoeffer, Vater im Himmel 5
Leben unter dem Segen Gottes 6
Was Hände tun können? 10
Gustav Schüler, Und müßte Treue lügen 11
Norbert Scholl, Hand, die nicht läßt 12
Die Einteilung der Zeit 13
Wachen 17
Warten 22
Michel Quoist, Herr, du hast mich ergriffen 25
Überwinden 26
In welchem Spiegel erkennen wir uns? 29
Sein Lebenskreuz buchstabieren 32
Was geht von uns aus? 35
Eine neue Haltung 38
Aus Psalm 103, Barmherzig und freundlich 40
Früh übt sich 41
Das Gewissen ist wach 44
Psalm 139, Herr, du erforschest mich 46

Rivalität	47
Kleine Brüder und Schwestern	50
Leib und Seele	54
Das rechte Maß	58
Aus Sirach 31, Iß, was dir vorgesetzt wird	60
Im Alltag Gott zur Verfügung stehen	61
Wovon wir leben	65
Der kluge Mann baut vor	68
Werfet euer Vertrauen nicht weg	71
Was wird aus uns?	75
Alter ist Aufgabe	78
Sören Kierkegaard, Du erfüllst jede Bitte	80
Man sieht nur mit dem Herzen gut	81
Memento mori	83
Viel Glück!	86
Fremde oder Gäste?	88
Ewigkeit — Gottes Zeit für uns?	90

LITERATURNACHWEIS

Dietrich Bonhoeffer
Vater im Himmel . . .
aus: Widerstand und Ergebung, S. 158
Neuauflage 1970
Chr. Kaiser Verlag, München

Sören Kierkegaard
Du erfüllst jede Bitte . . .
aus: Tagebücher (1847) Bd. III
S. 139/1972
Eugen Diederichs Verlag, Düsseldorf

Michel Quoist
Herr, du hast mich ergriffen . . .
aus: Herr, da bin ich – Gebete
Verlag Styria, Granz–Wien–Köln
60. Auflage 1978

BIBELÜBERSETZUNGEN

Er wird meine Stimme hören
Psalmen des Alten und
Neuen Testaments
übertragen von Jörg Zink
Kreuz Verlag, Stuttgart–Berlin

Unser Dank gilt allen Autoren
und Verlagen für die freundlich
erteilten Genehmigungen zum
Abdruck der gewählten Texte.

3. Auflage 1983
Umschlag: Conny Siebert, Lage
Satz und Druck: Aussaat-Druckerei, Wuppertal
Einband: Verlagsbuchbinderei W. Berenbrock, Wuppertal
ISBN 3 7811 0249 1